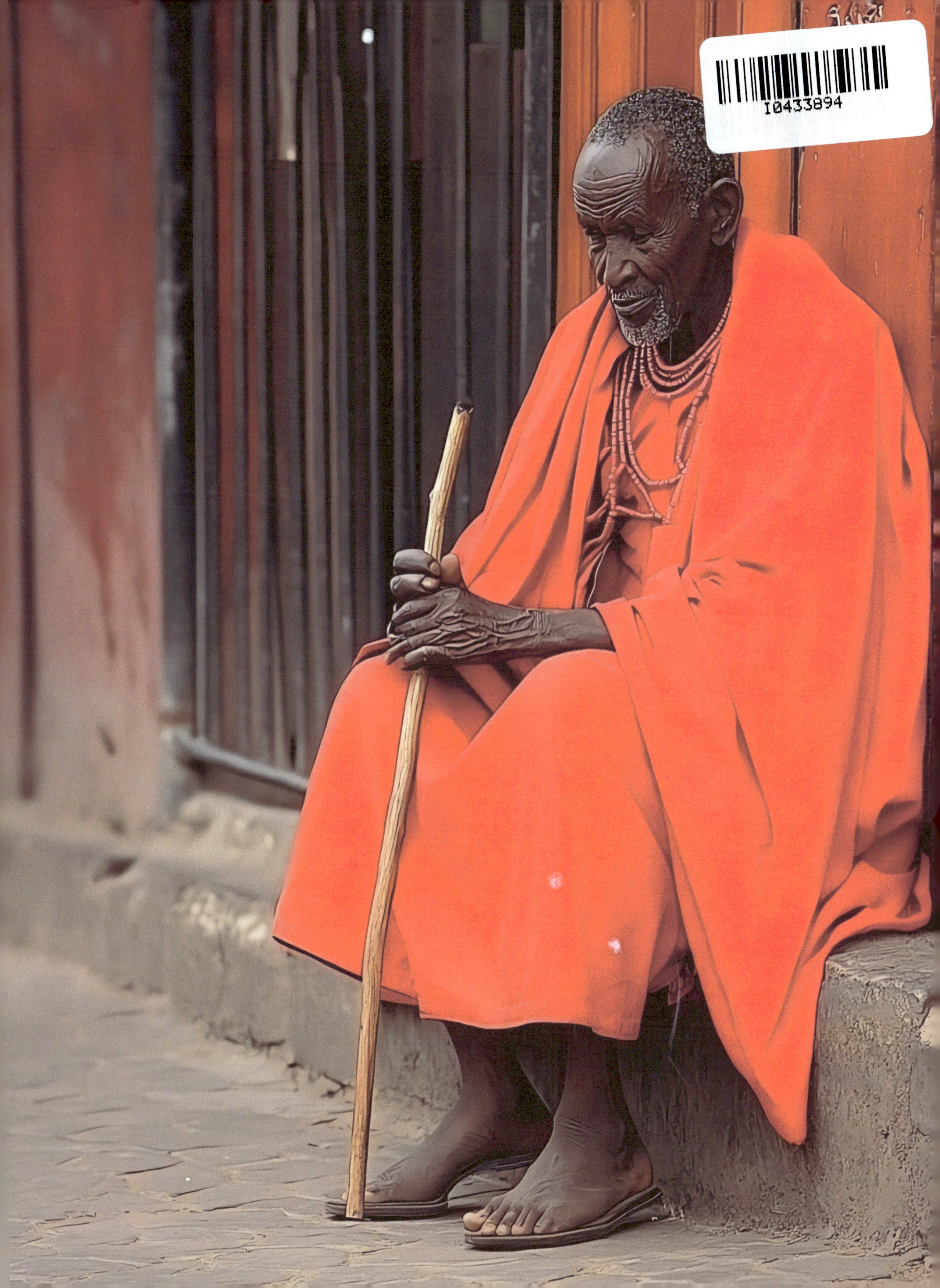

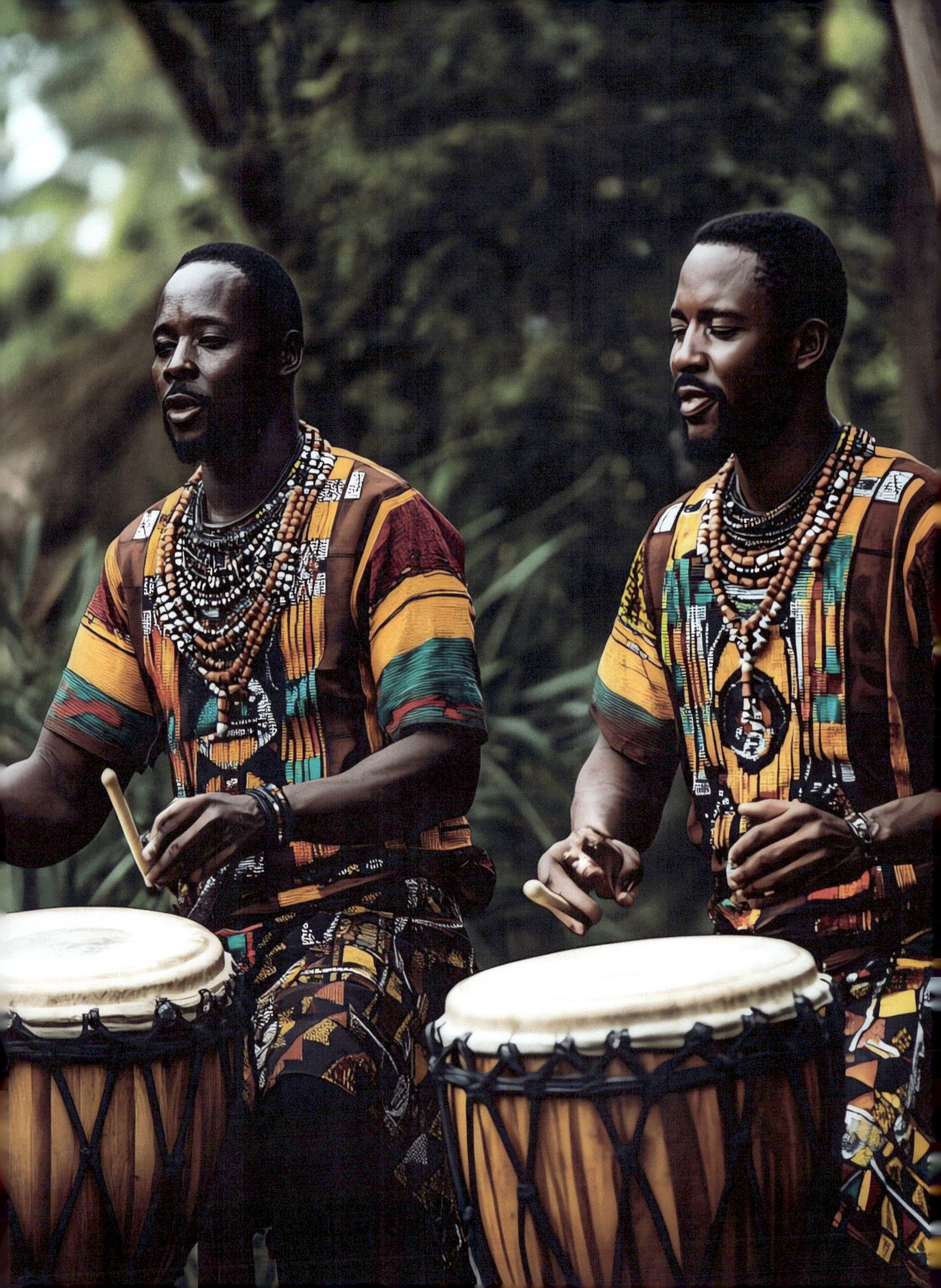

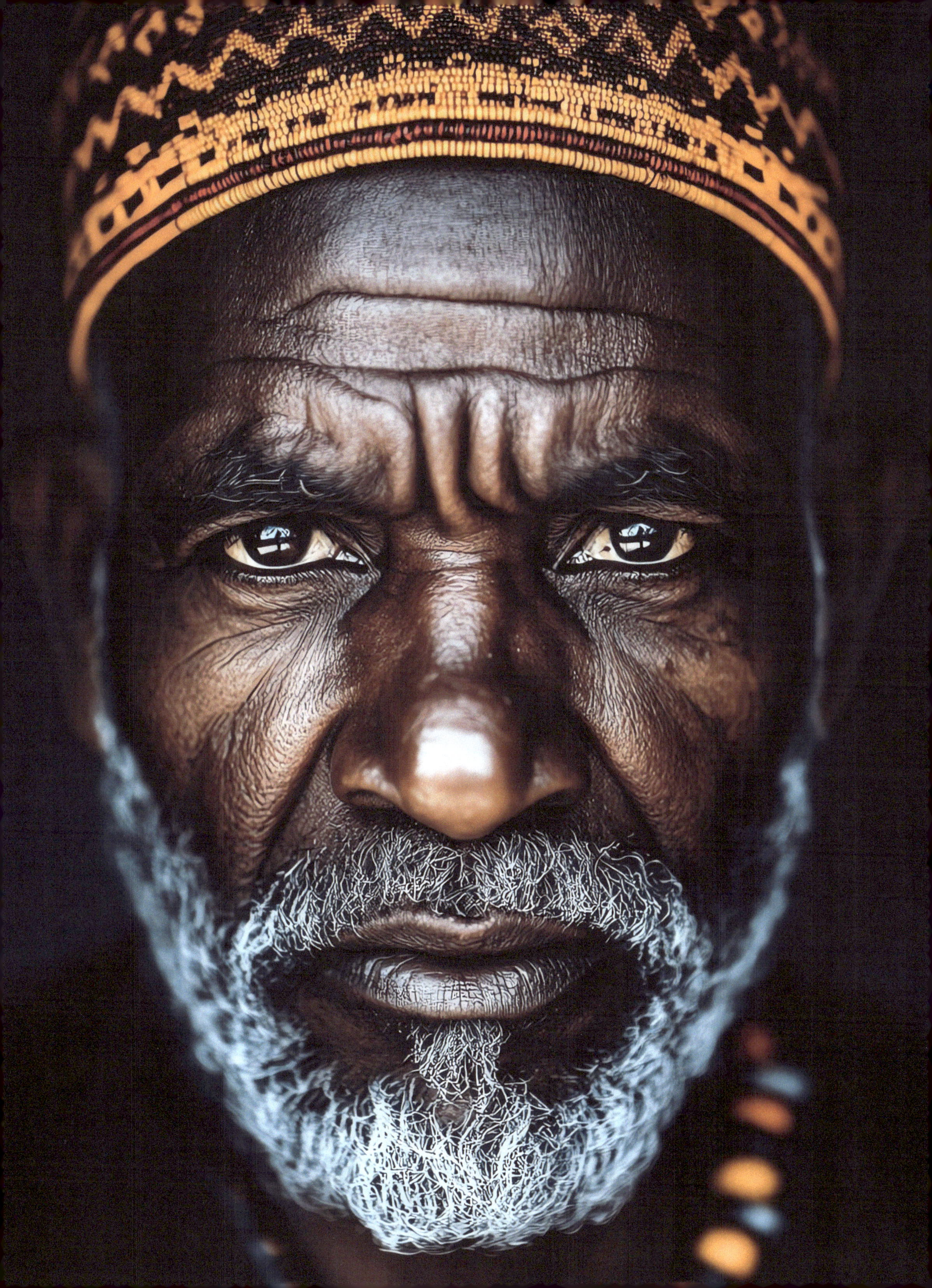

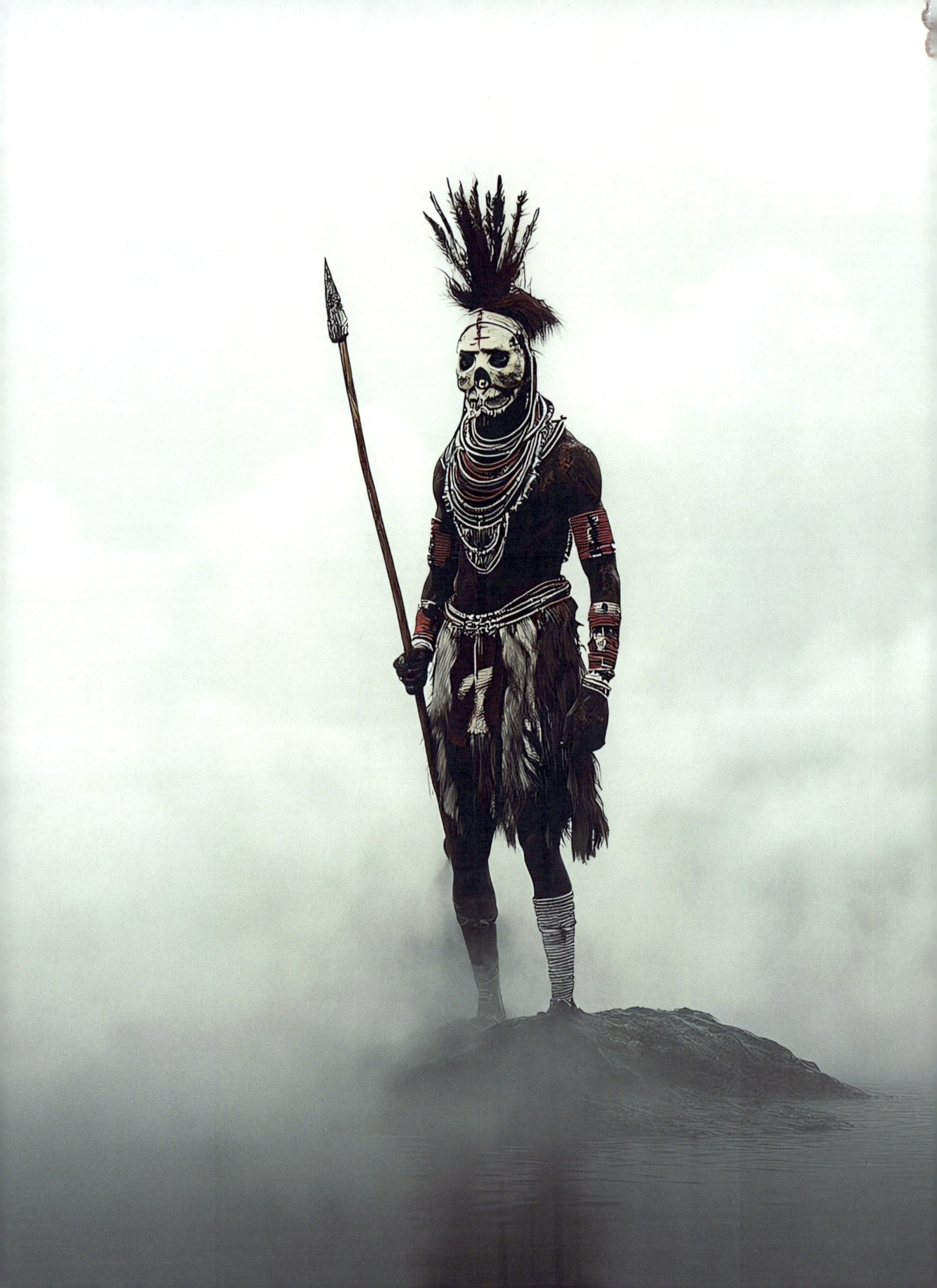

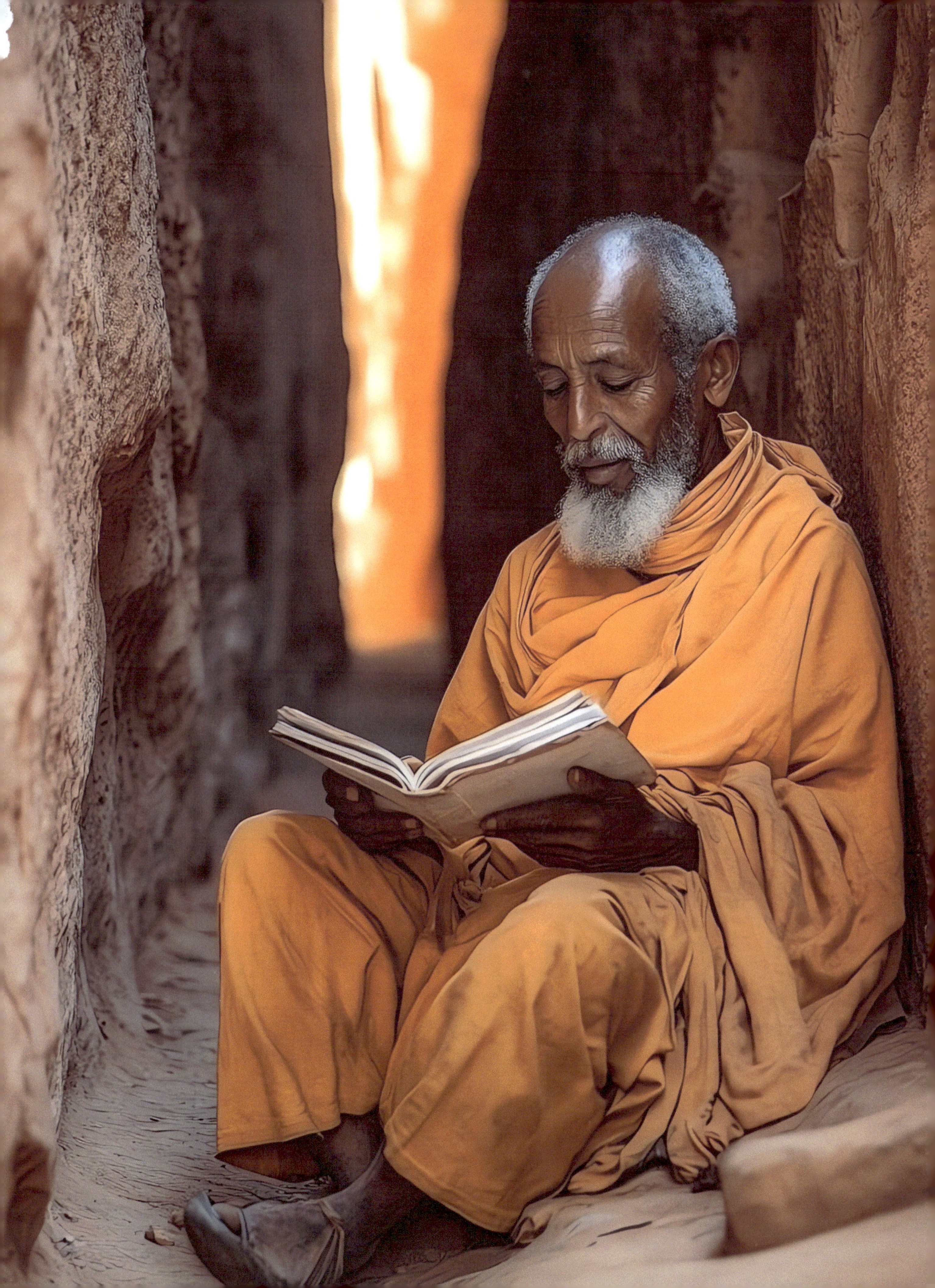

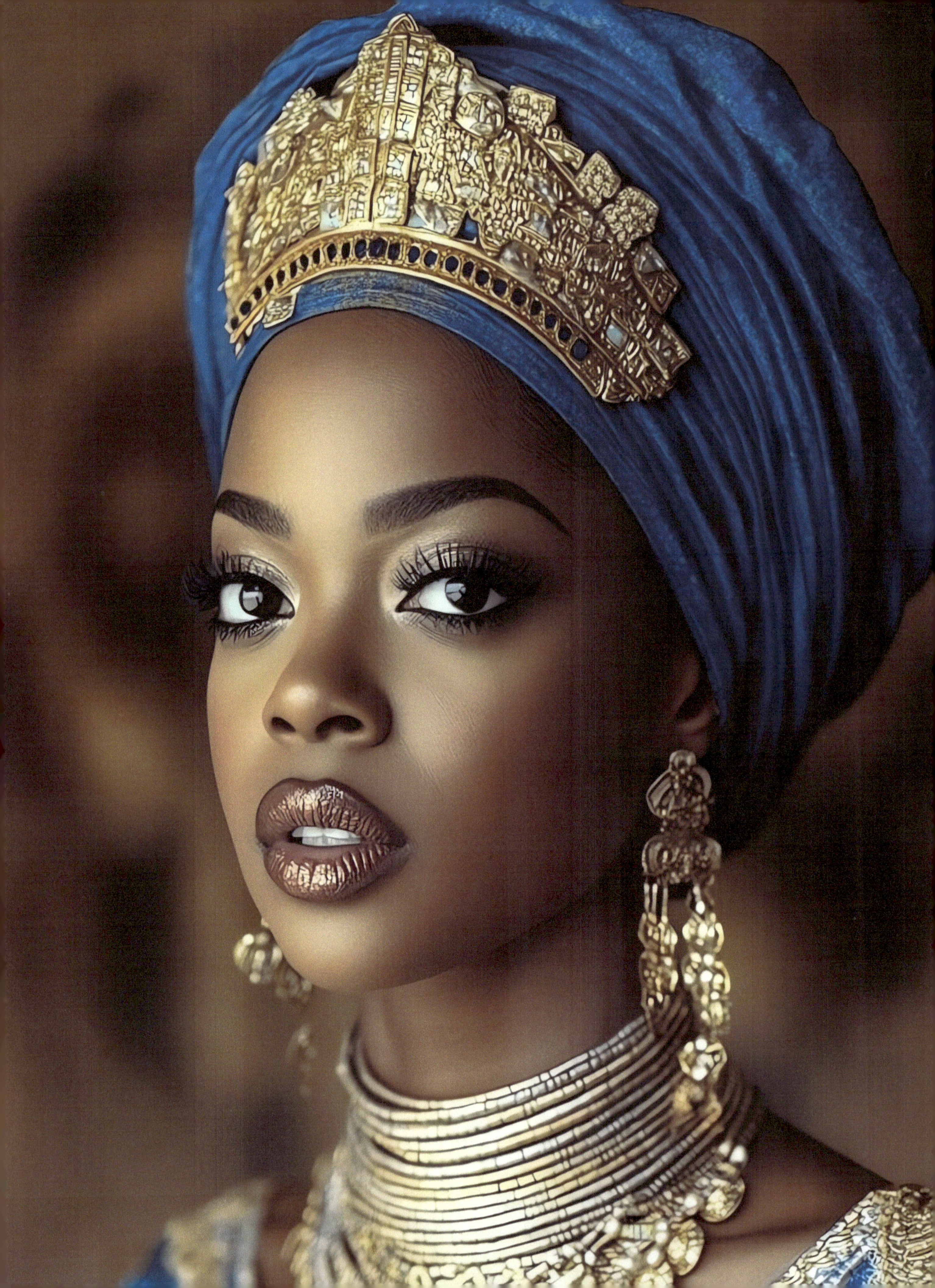

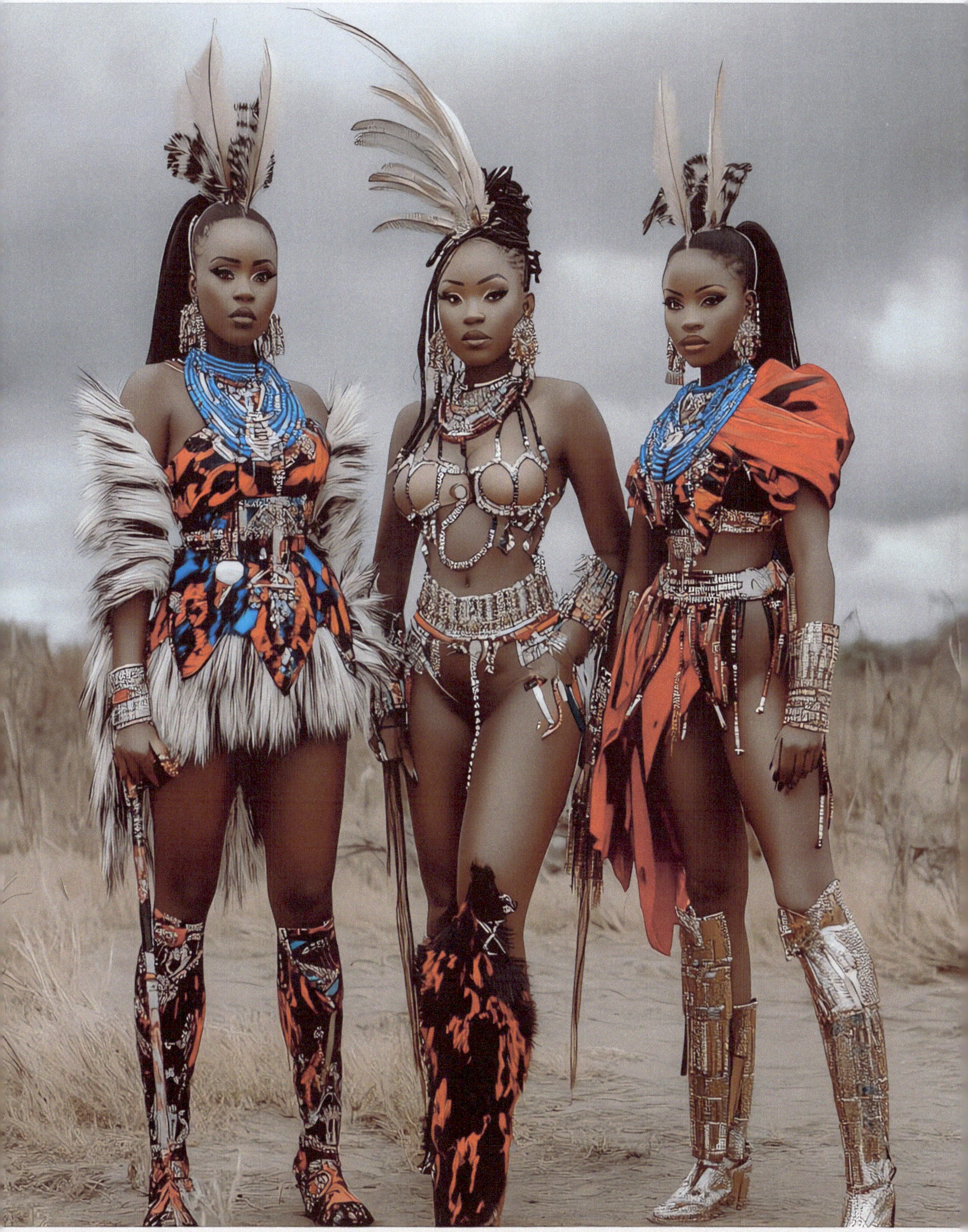

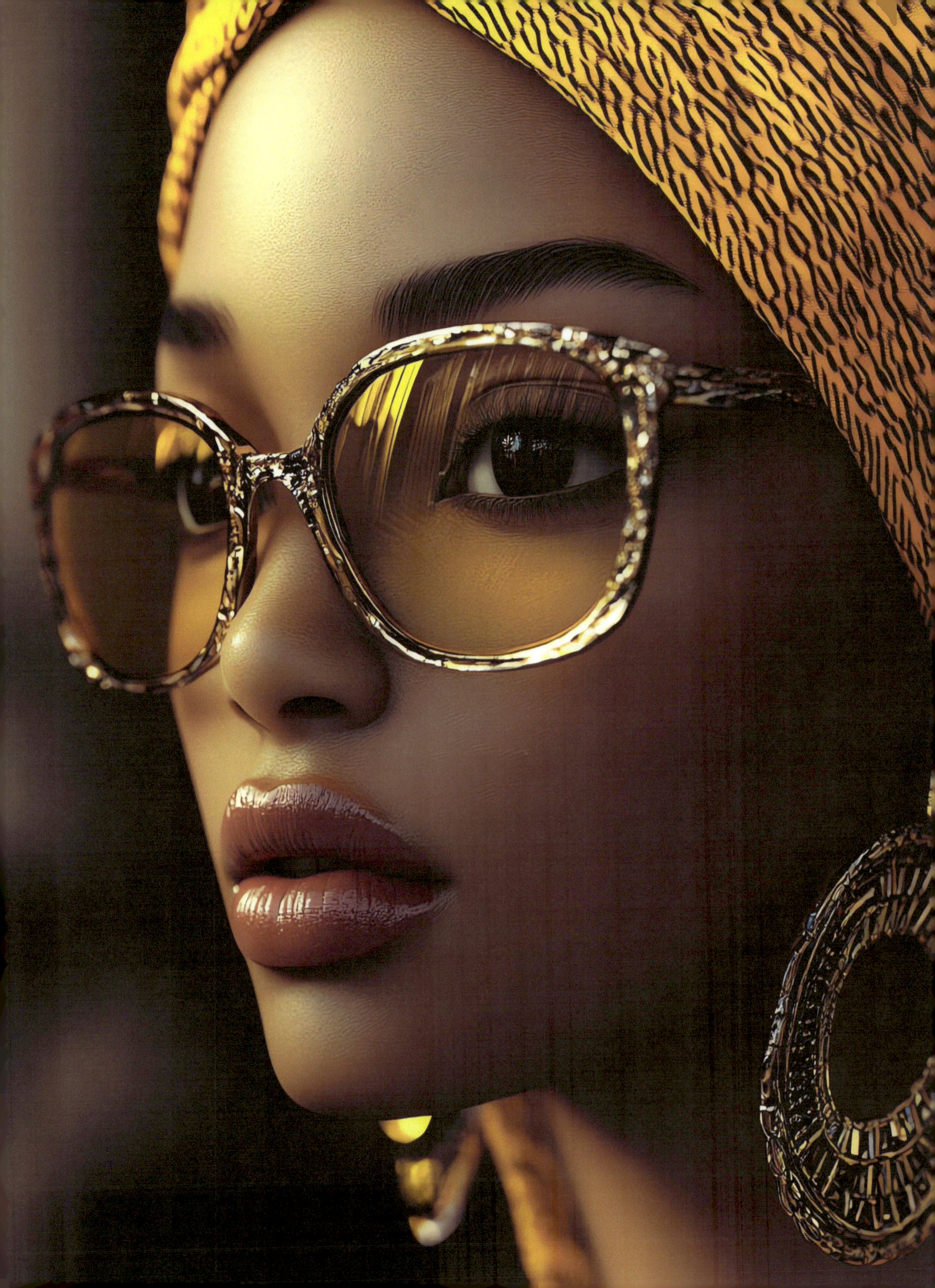

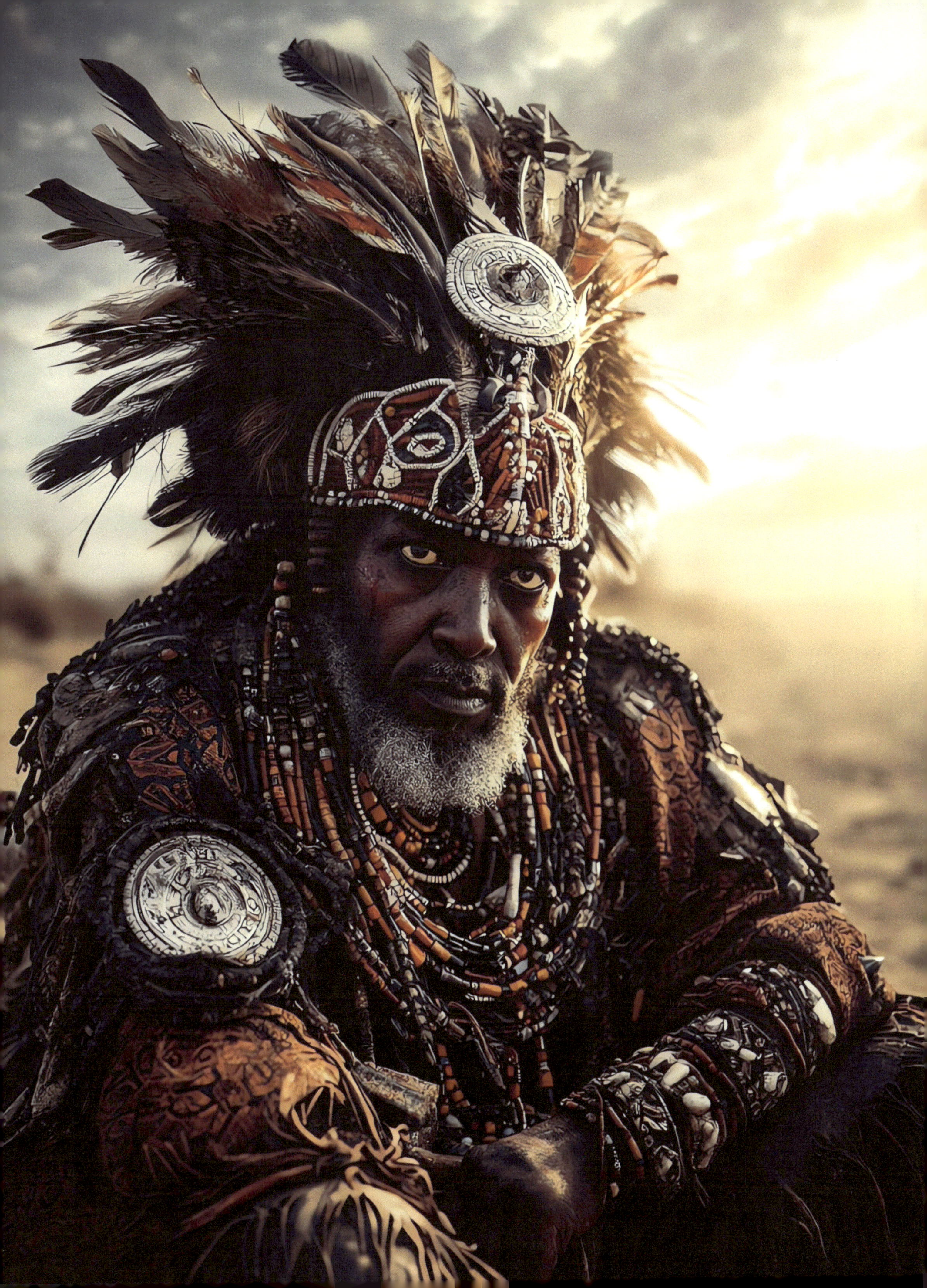

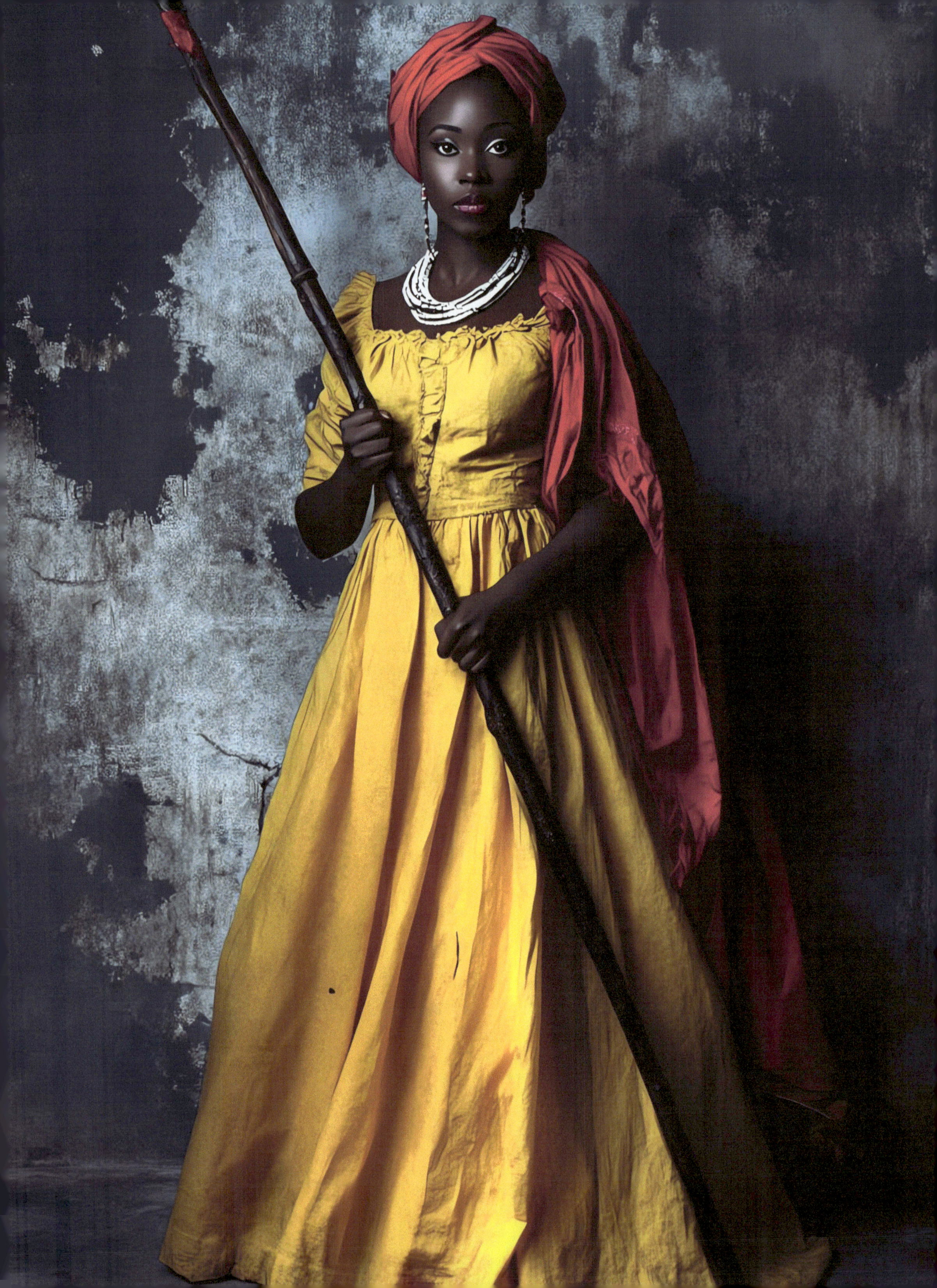

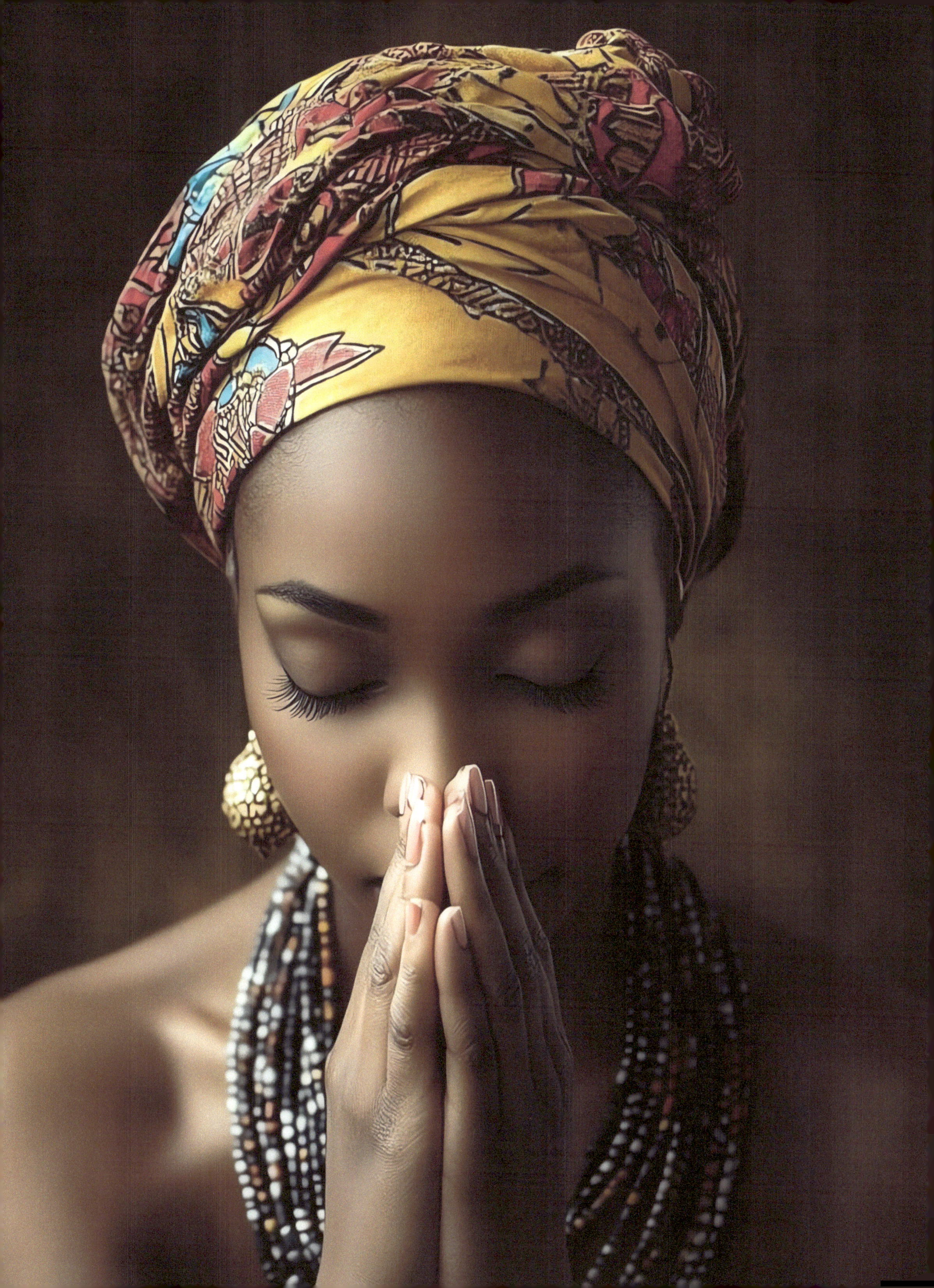

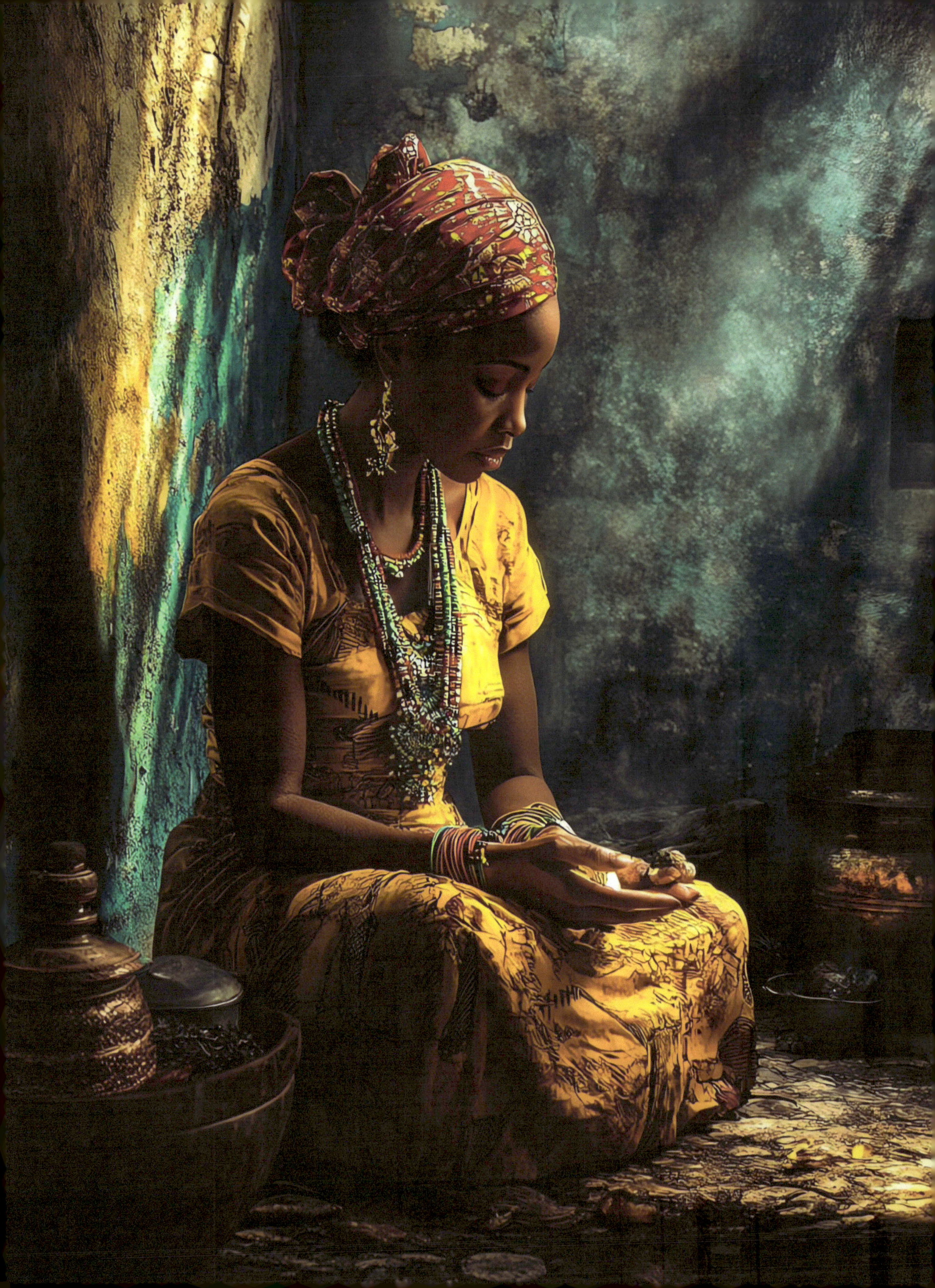

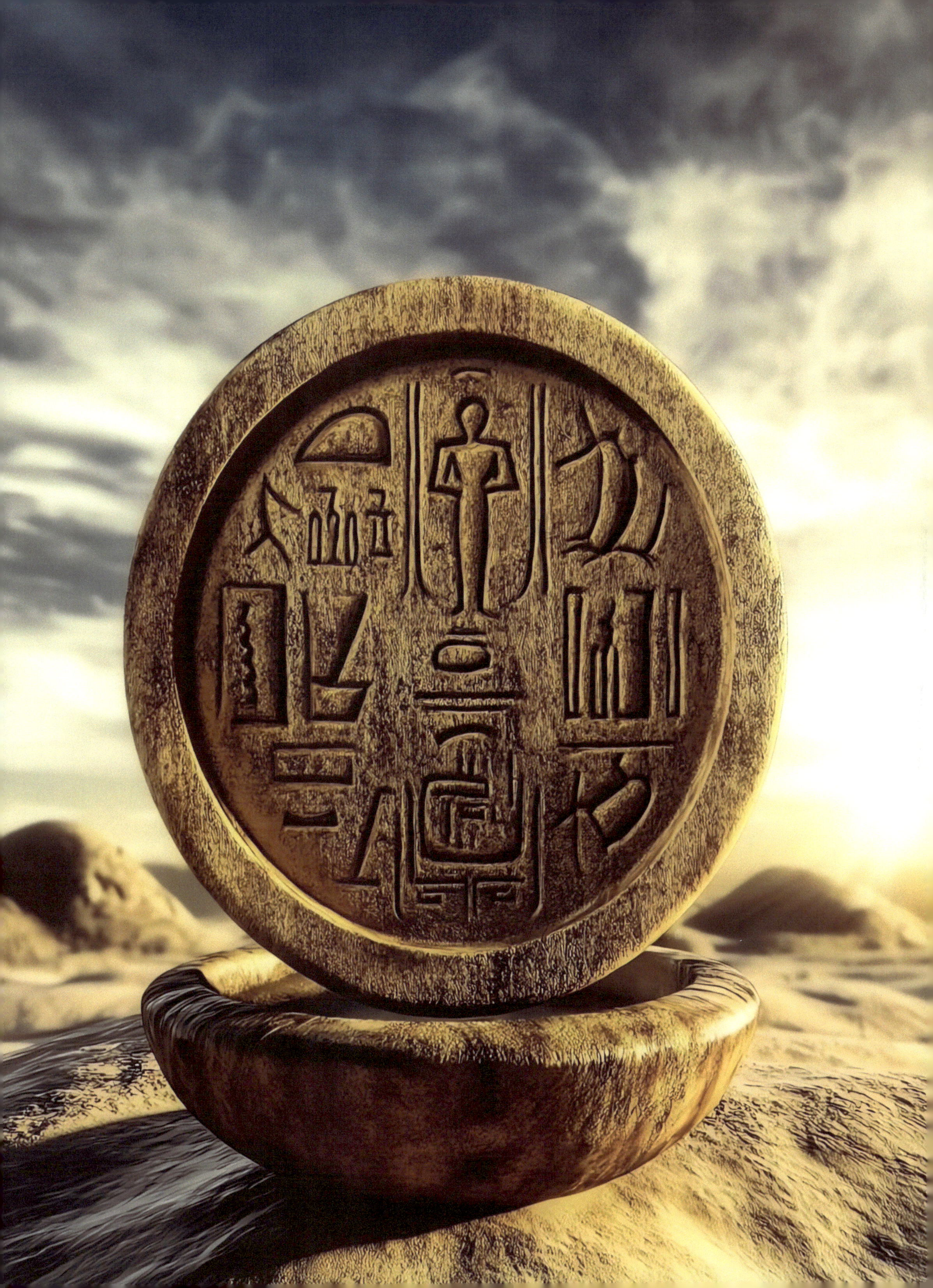

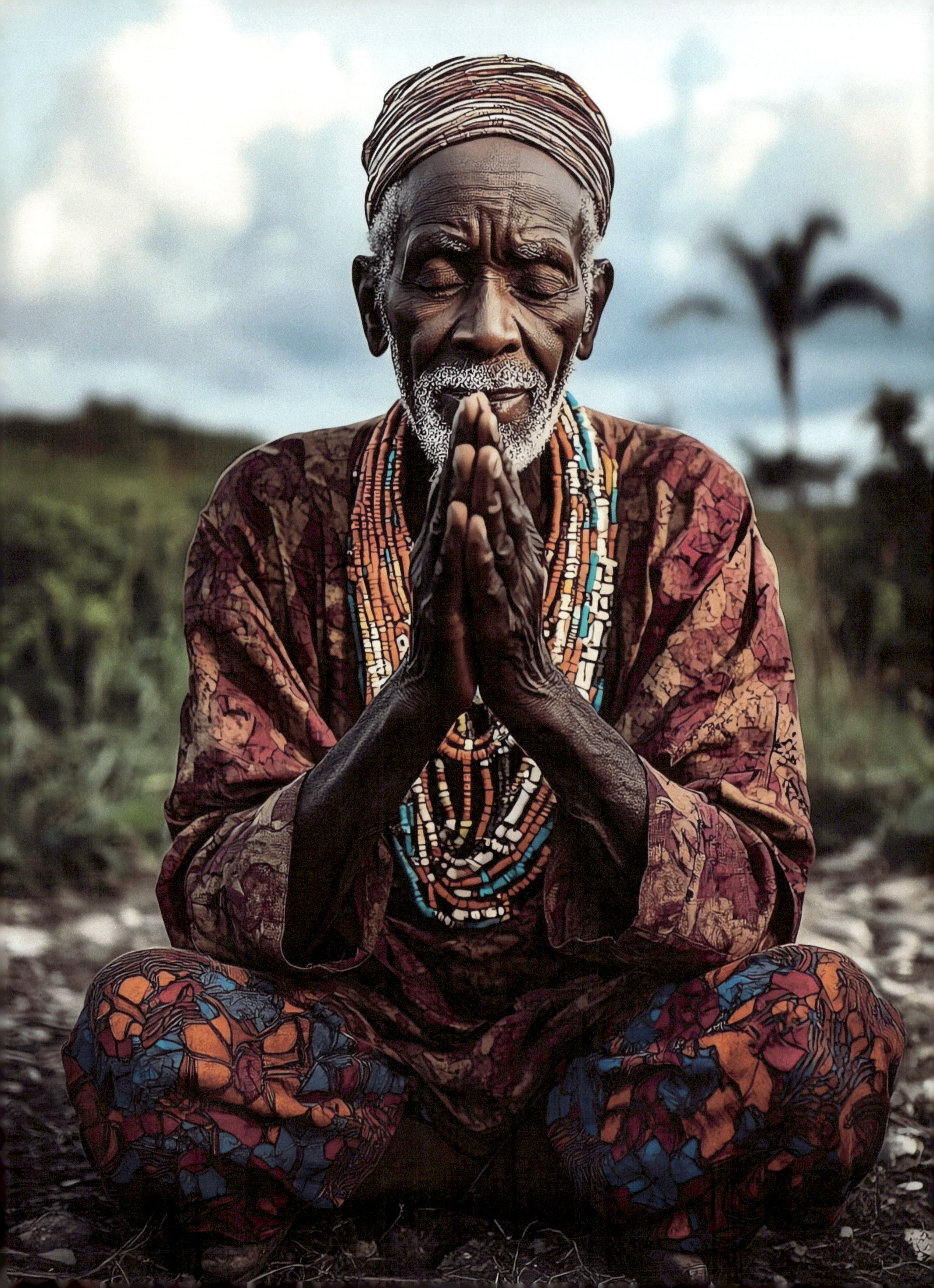

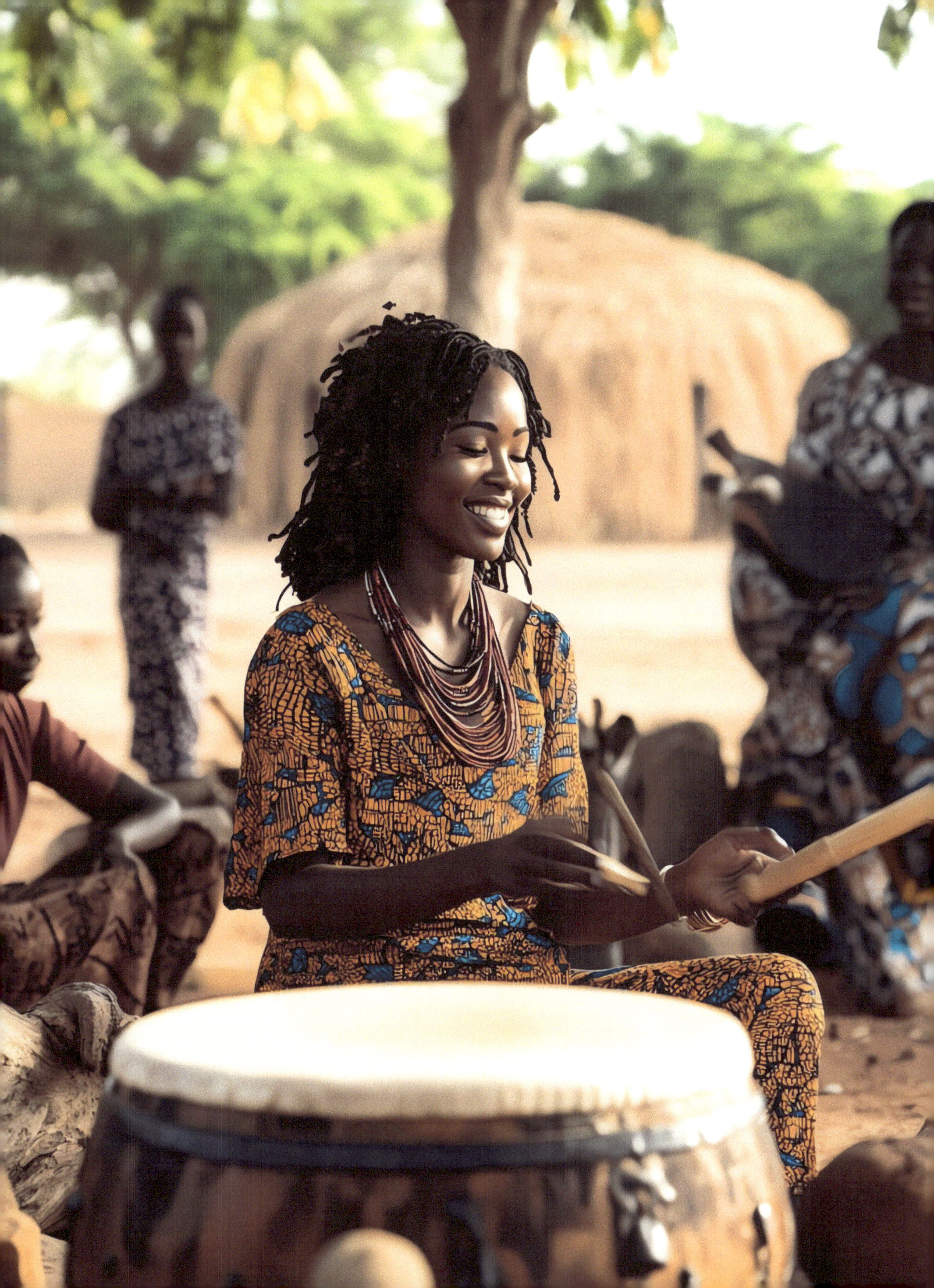

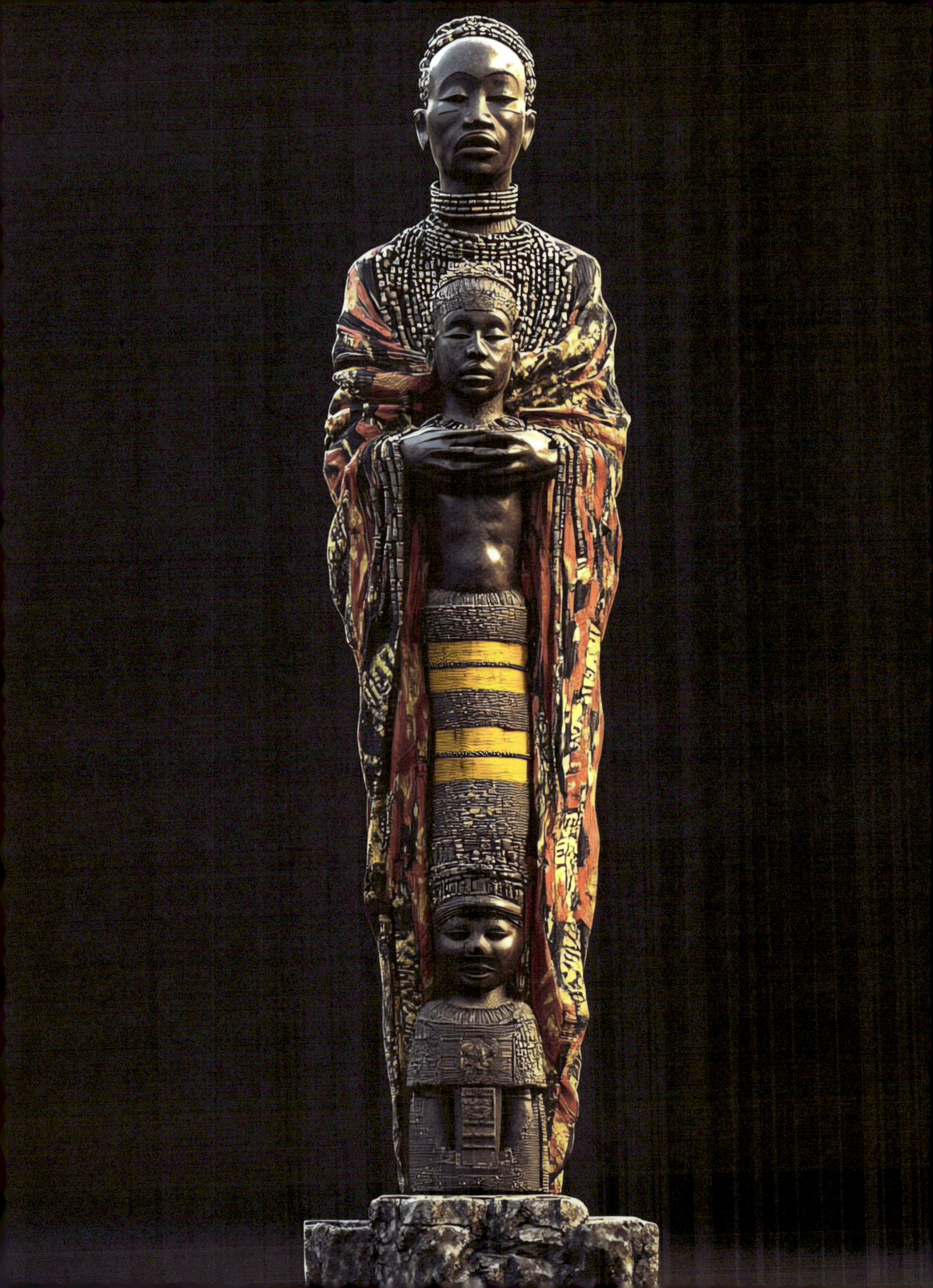

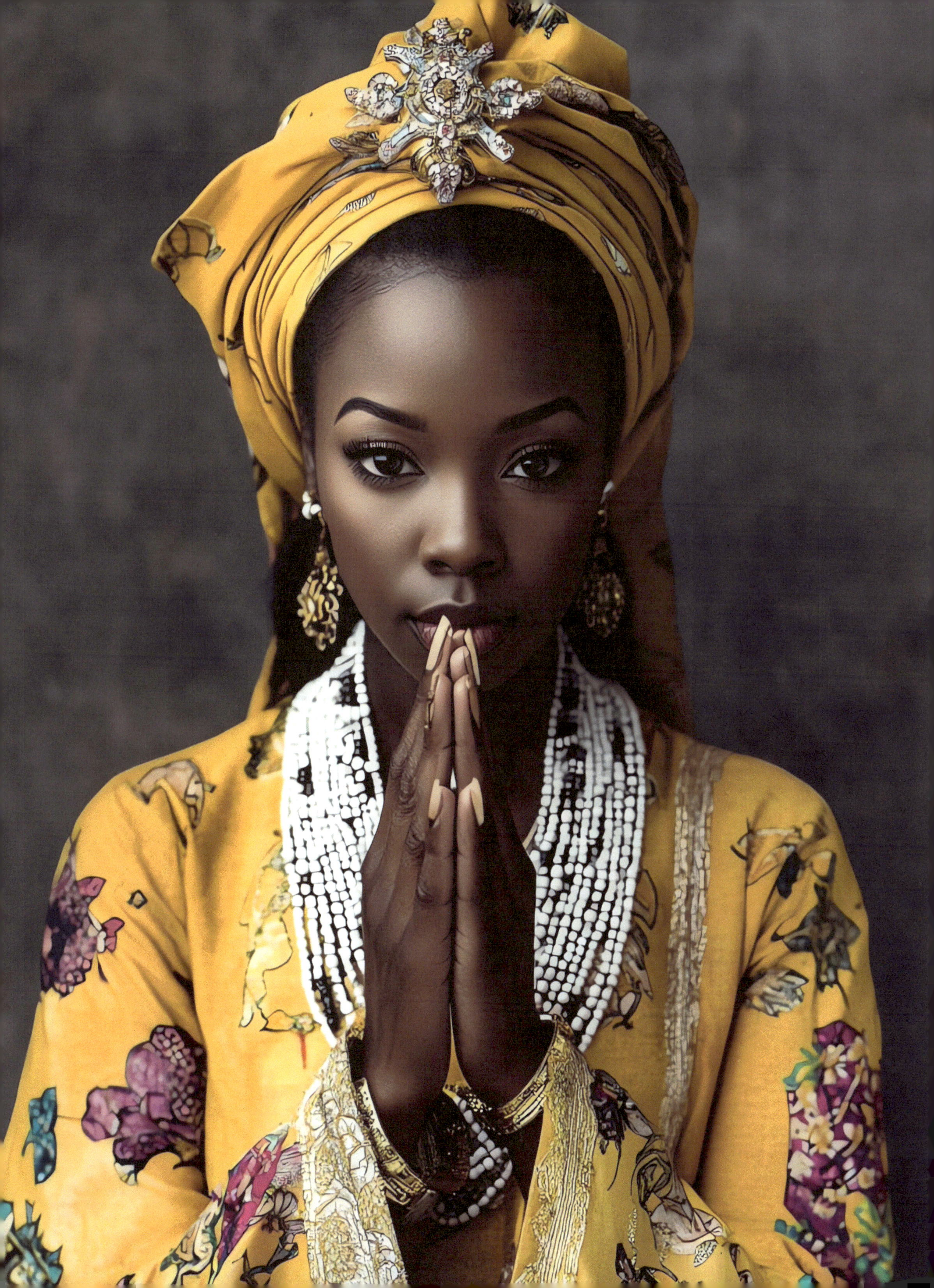

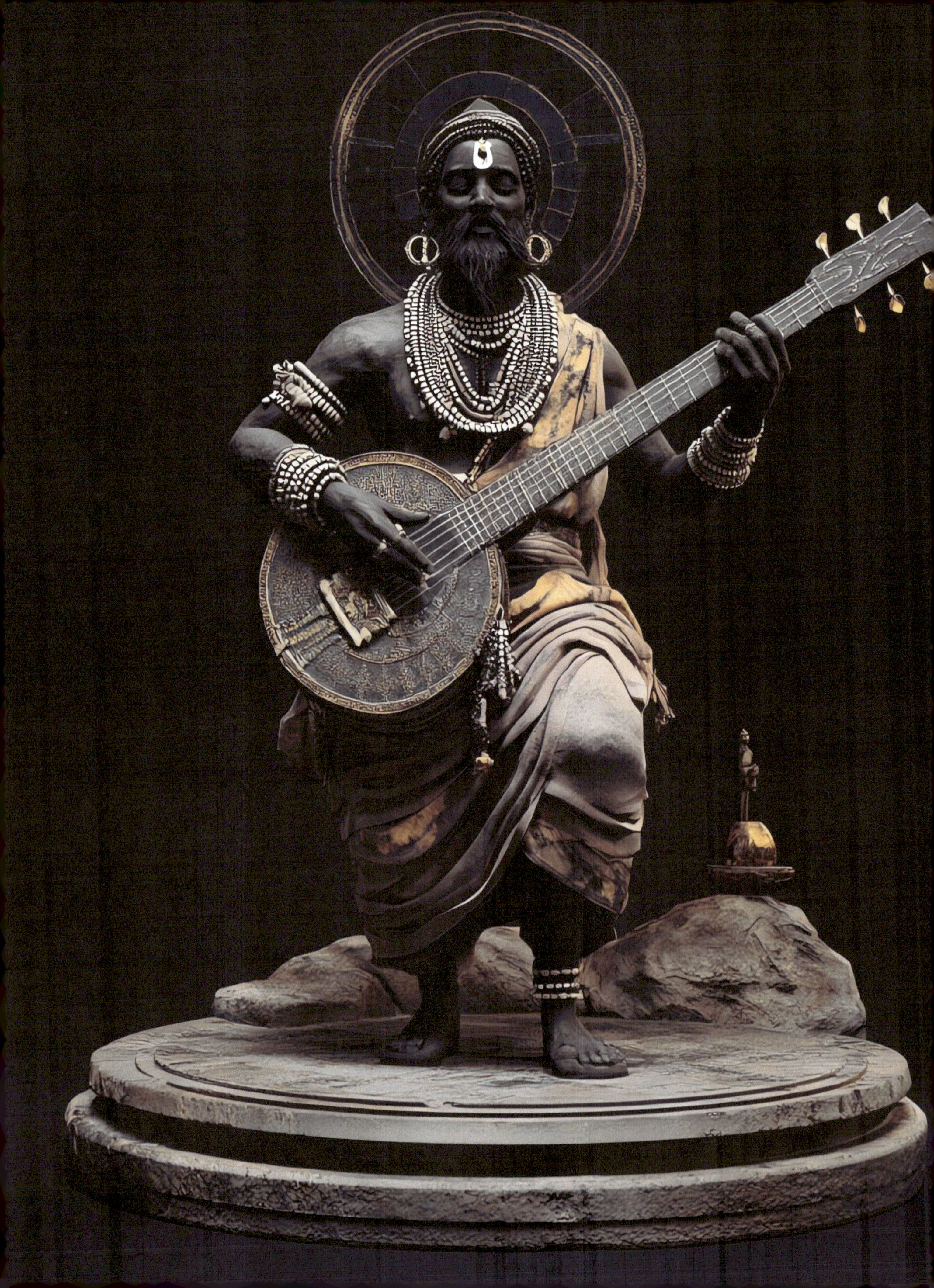

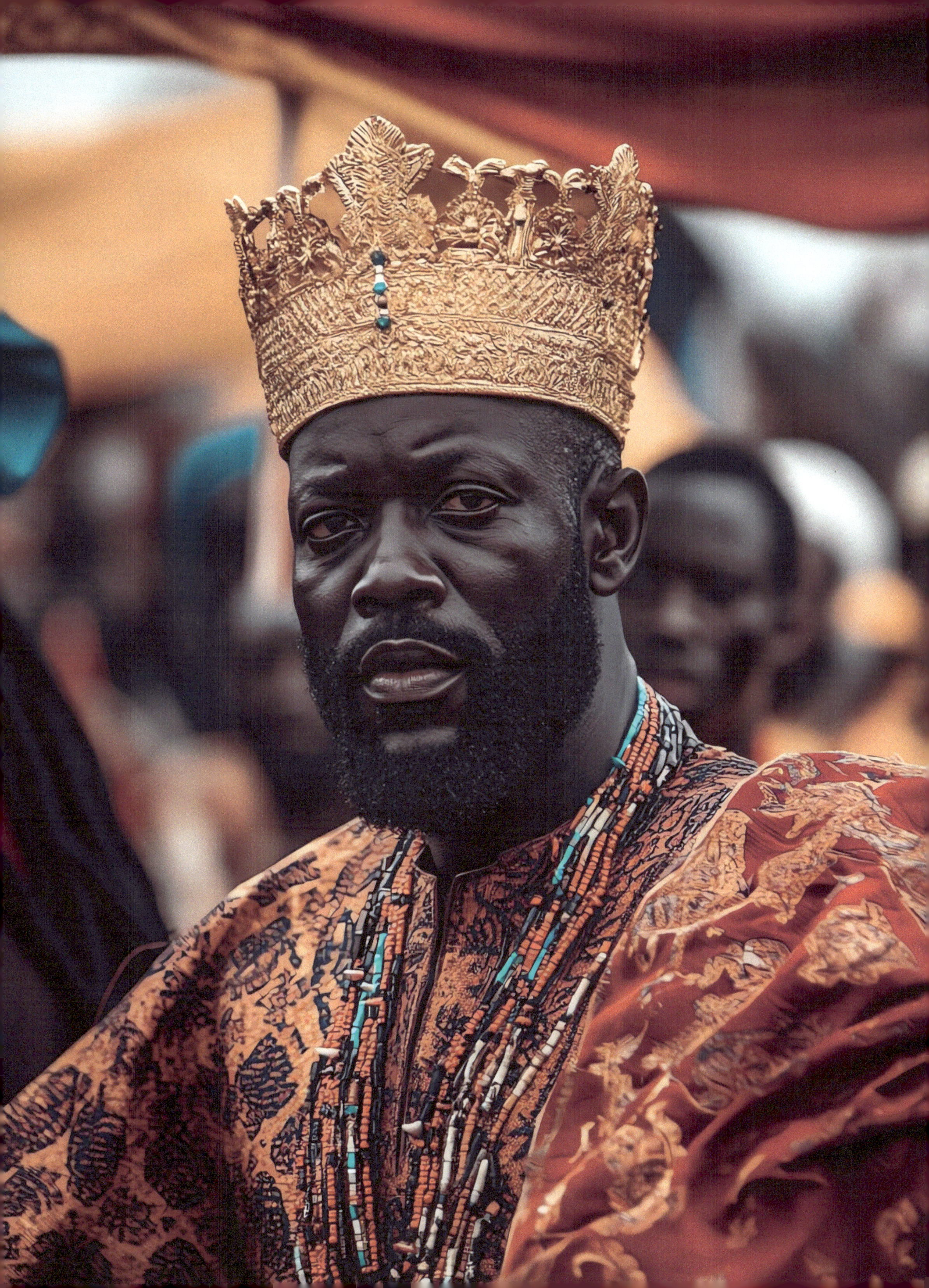

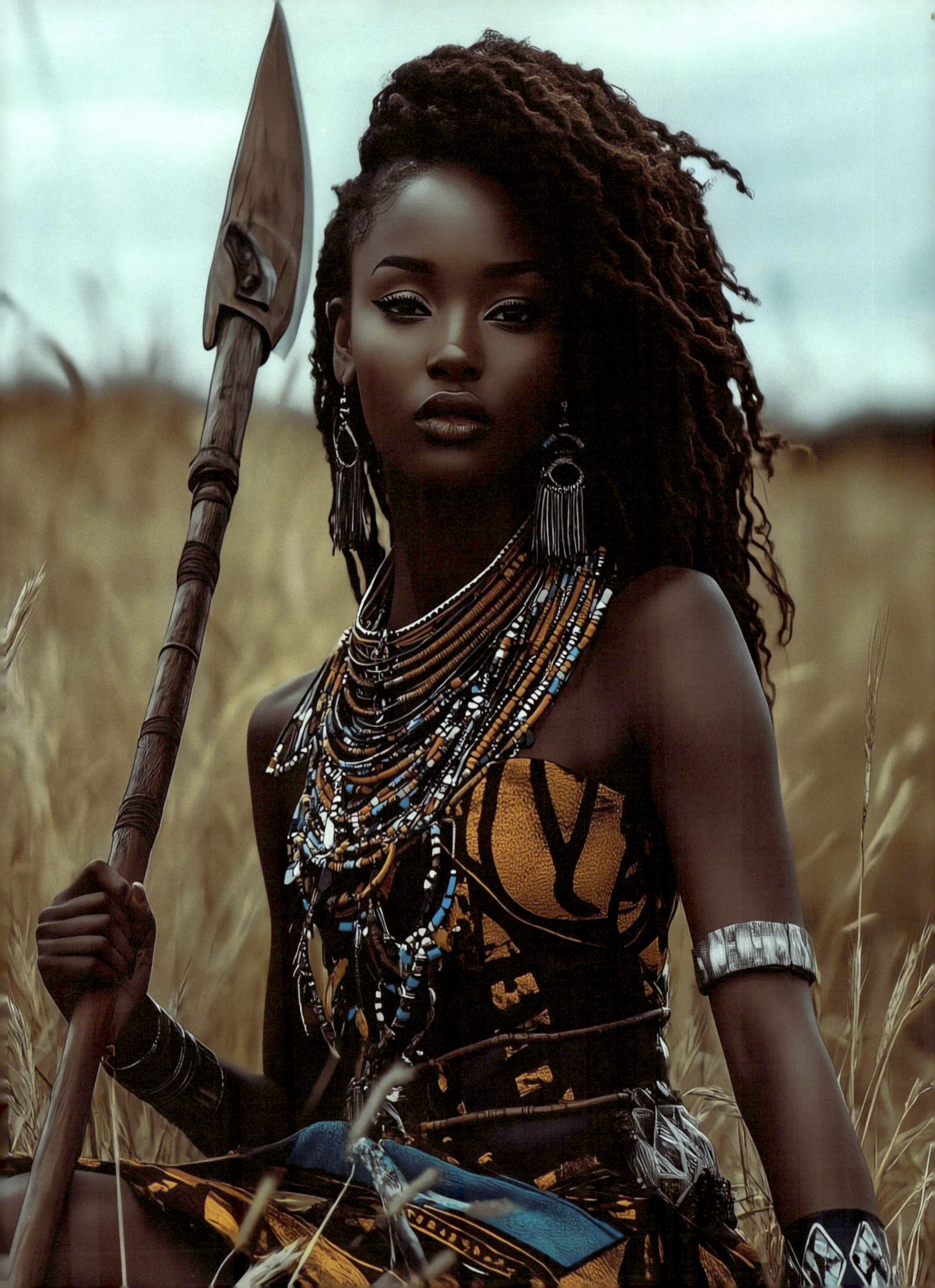

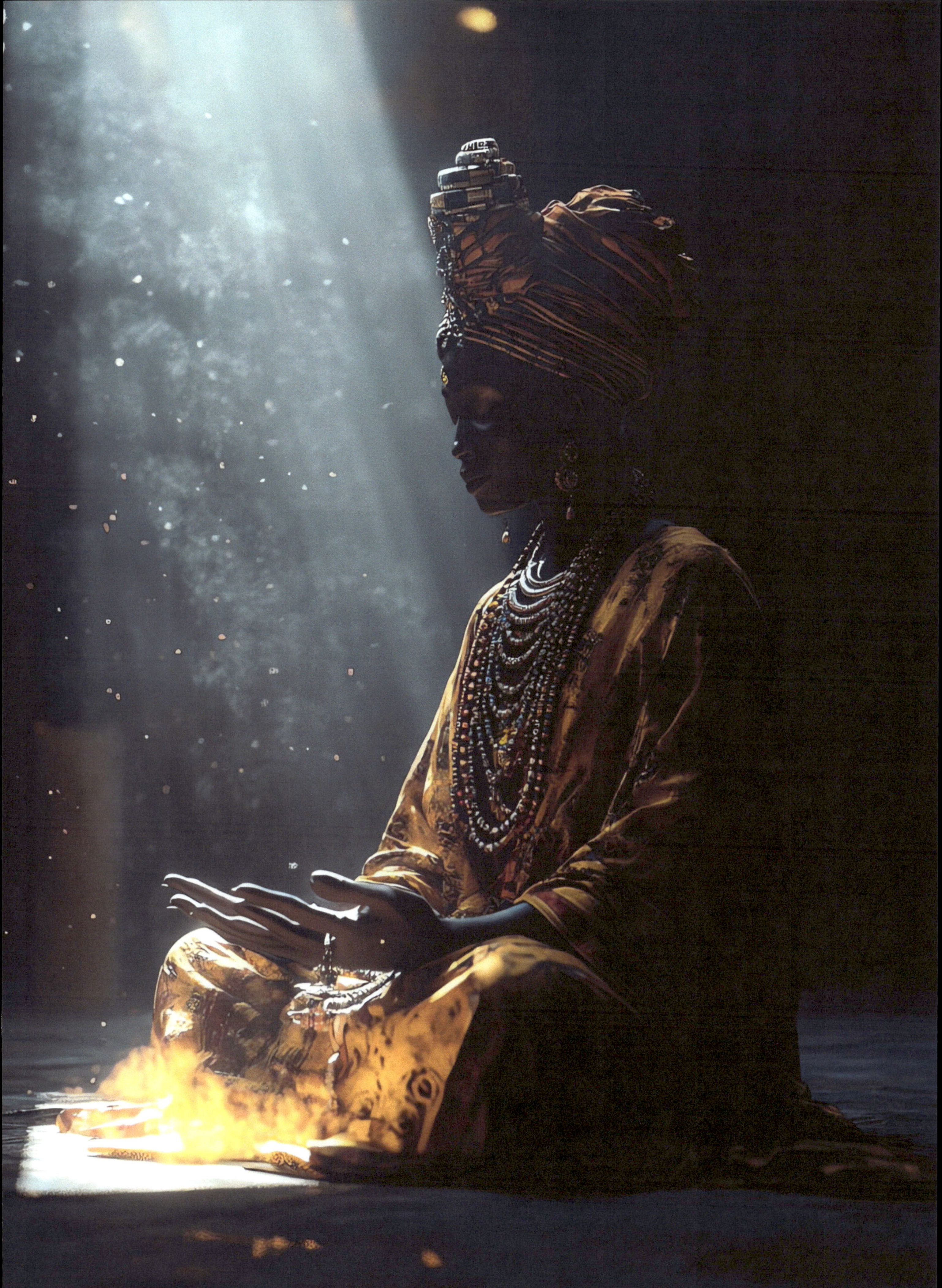

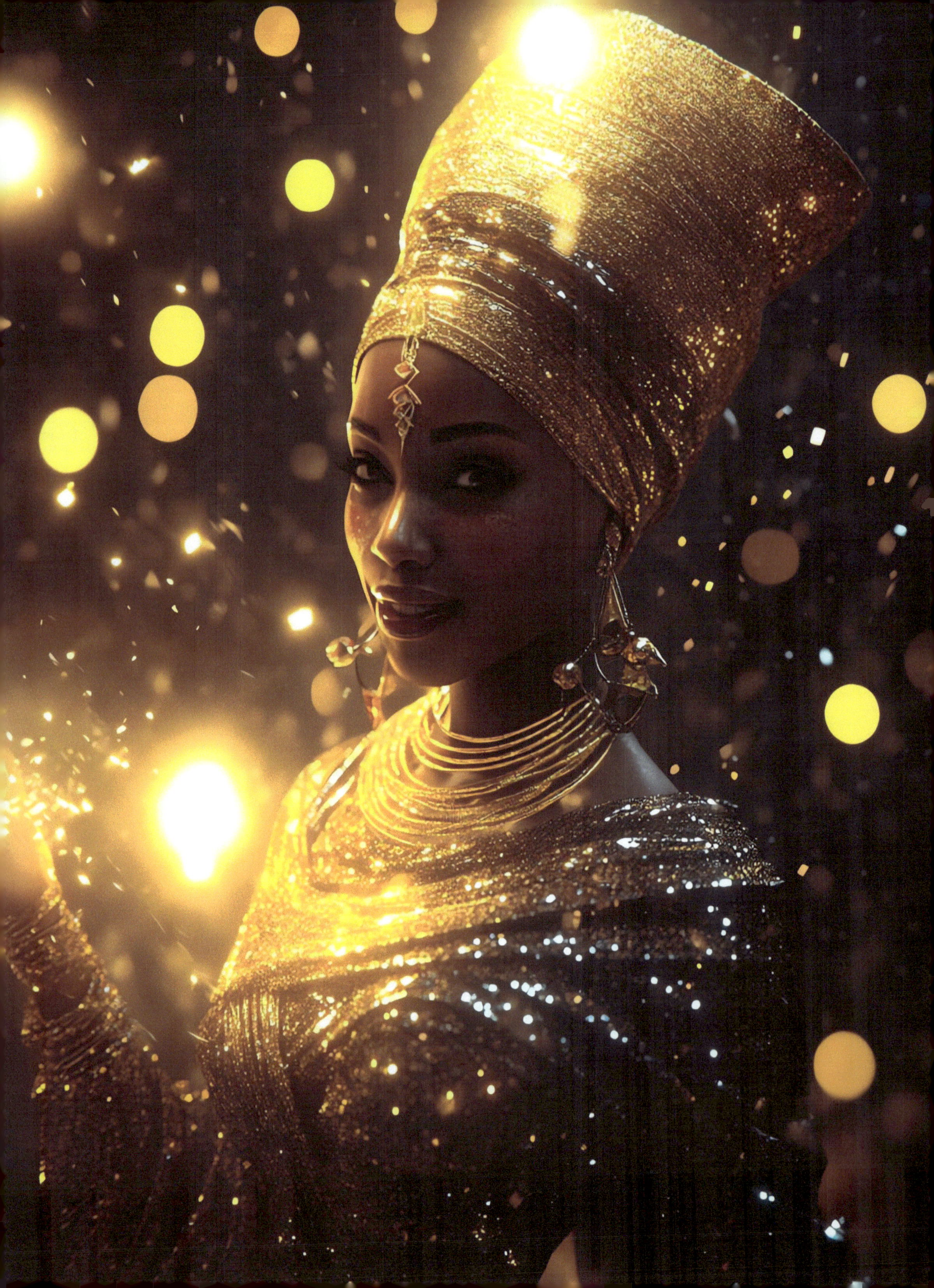

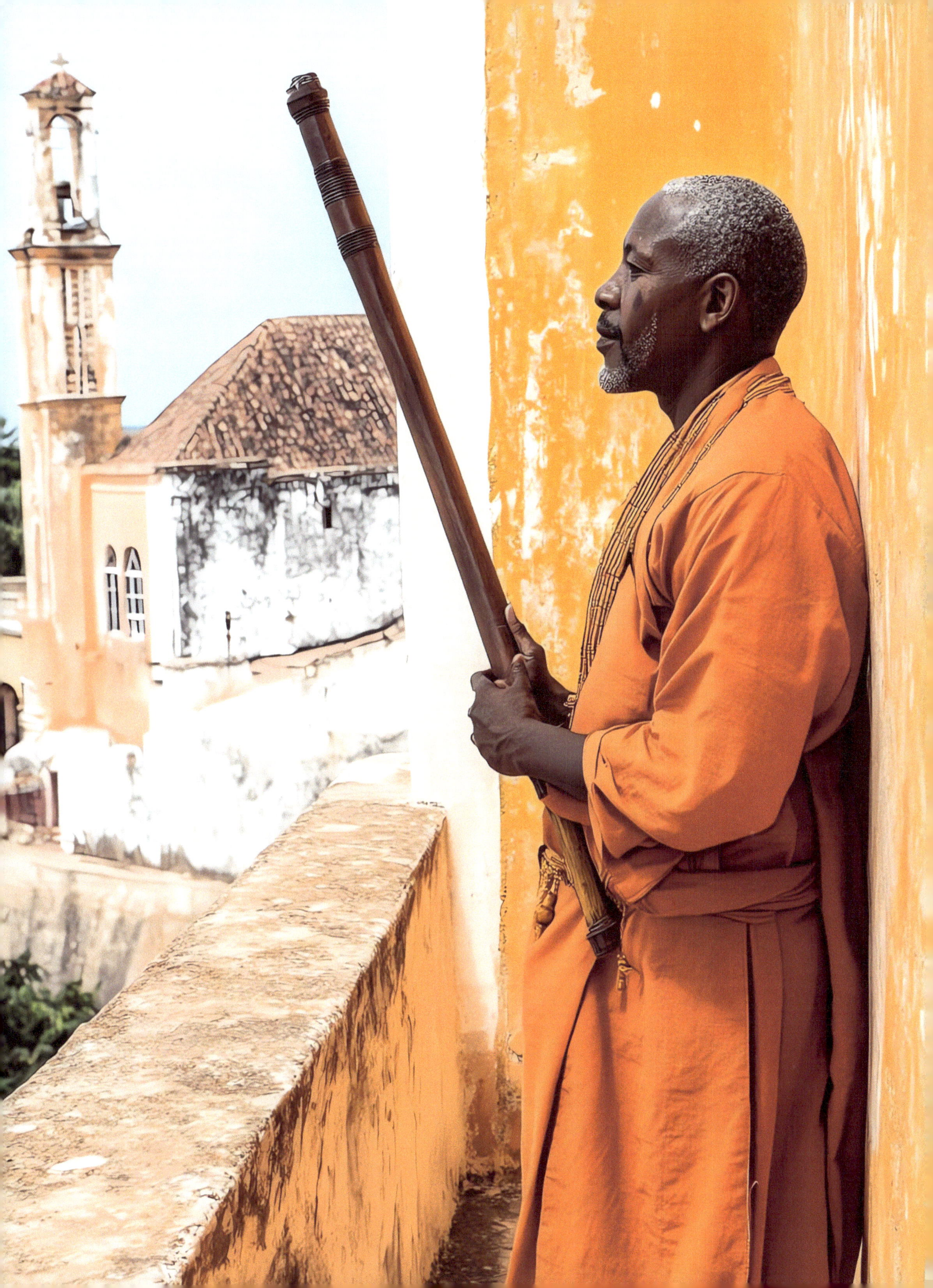

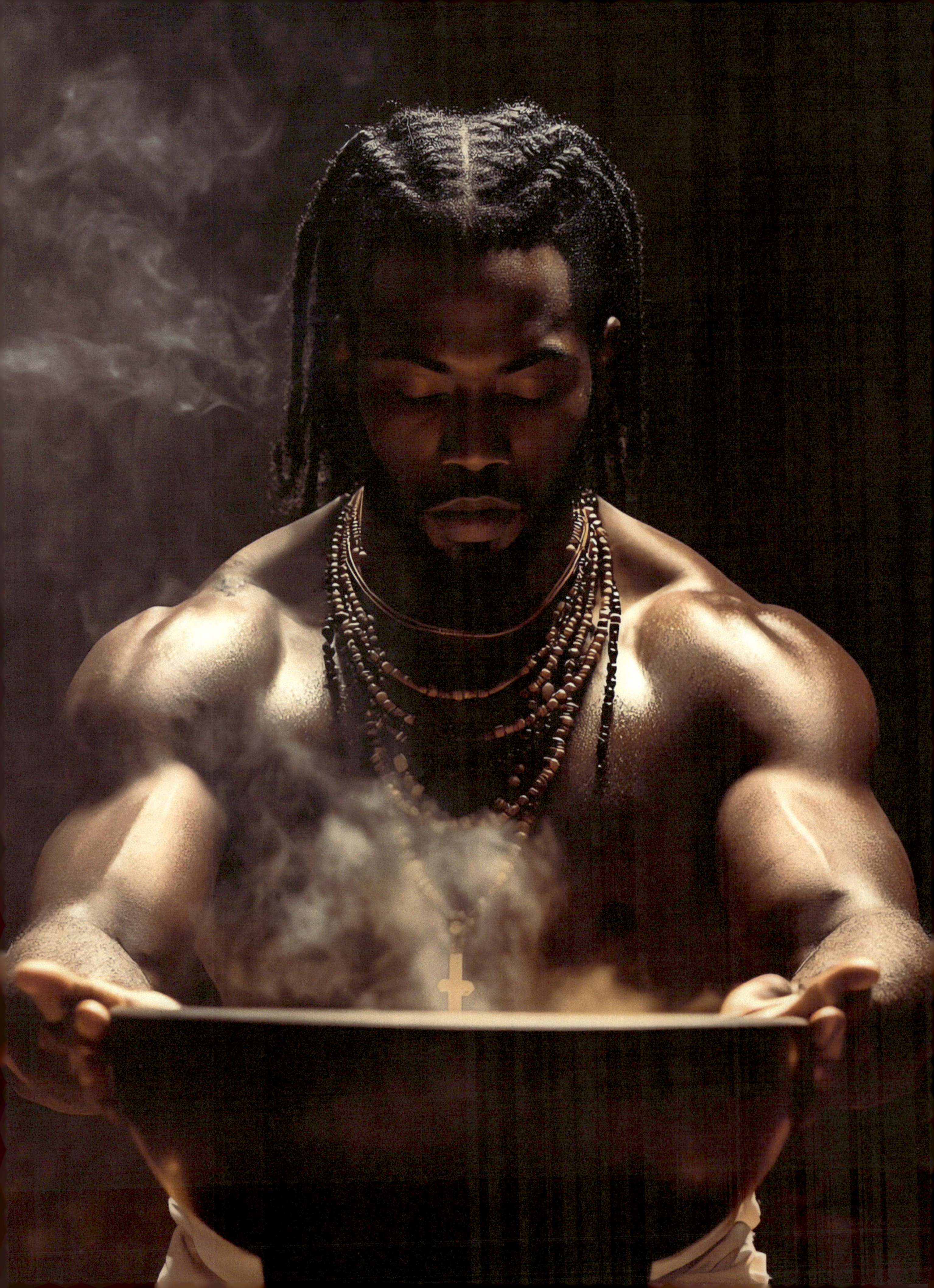

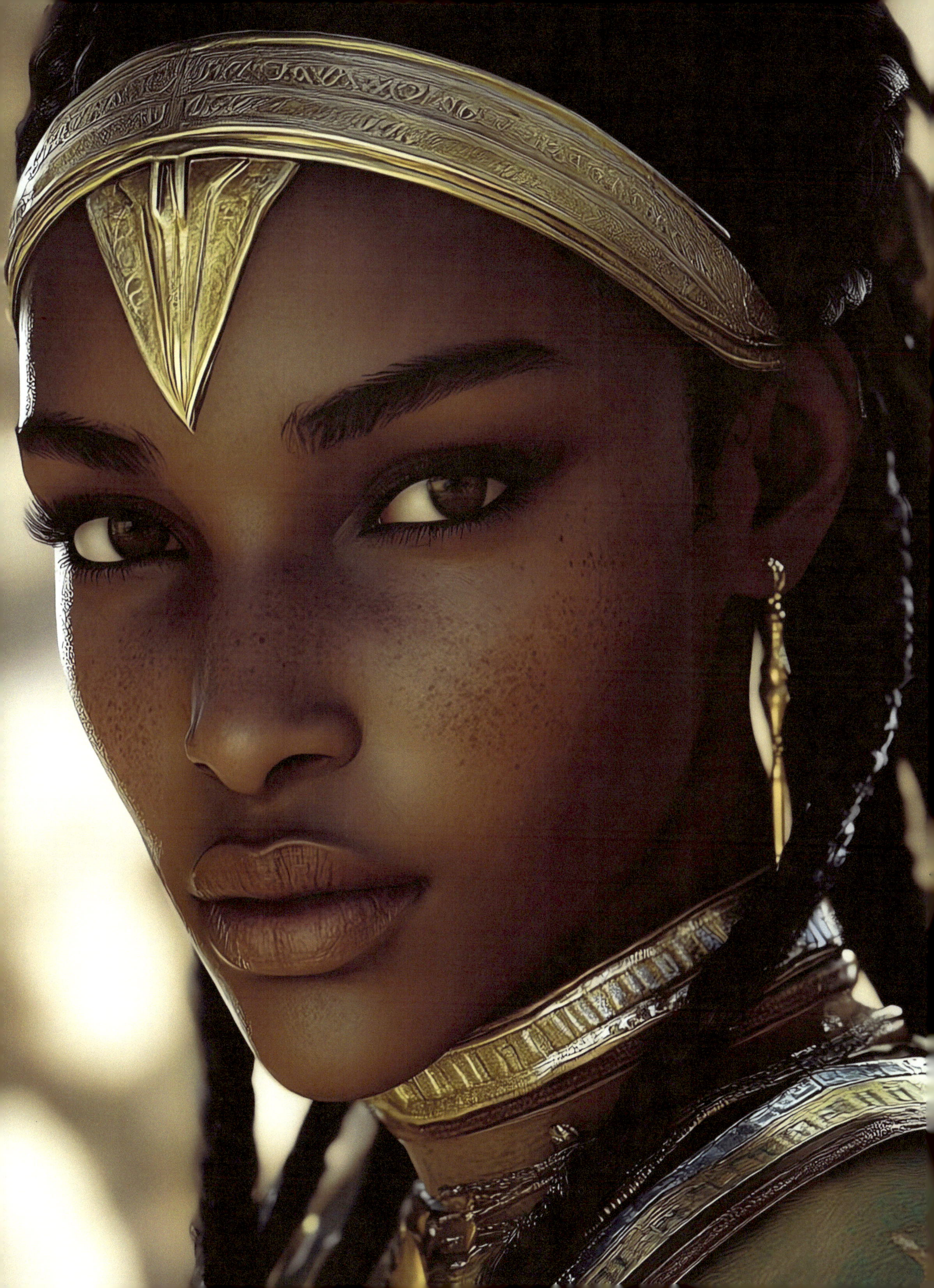

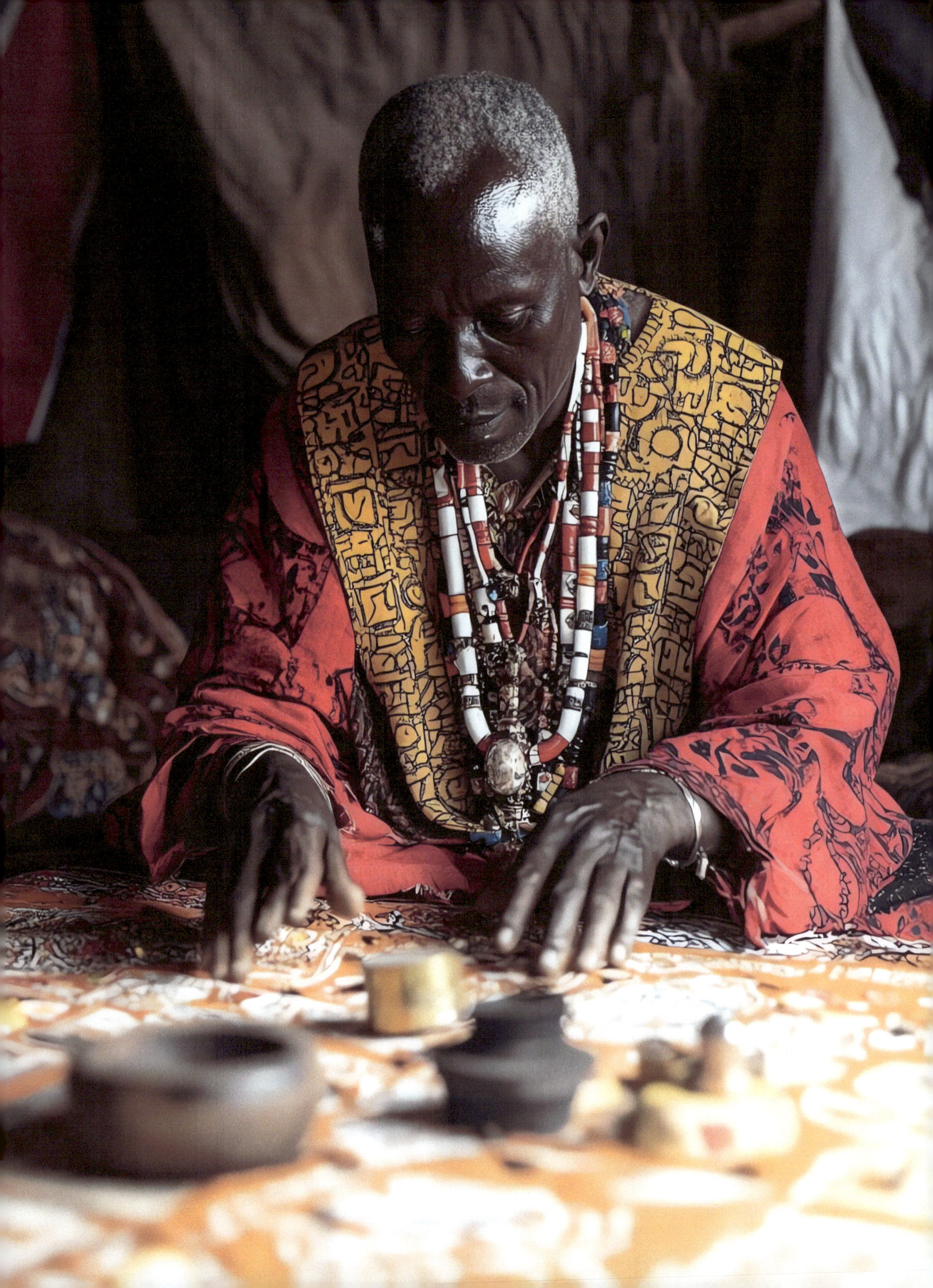

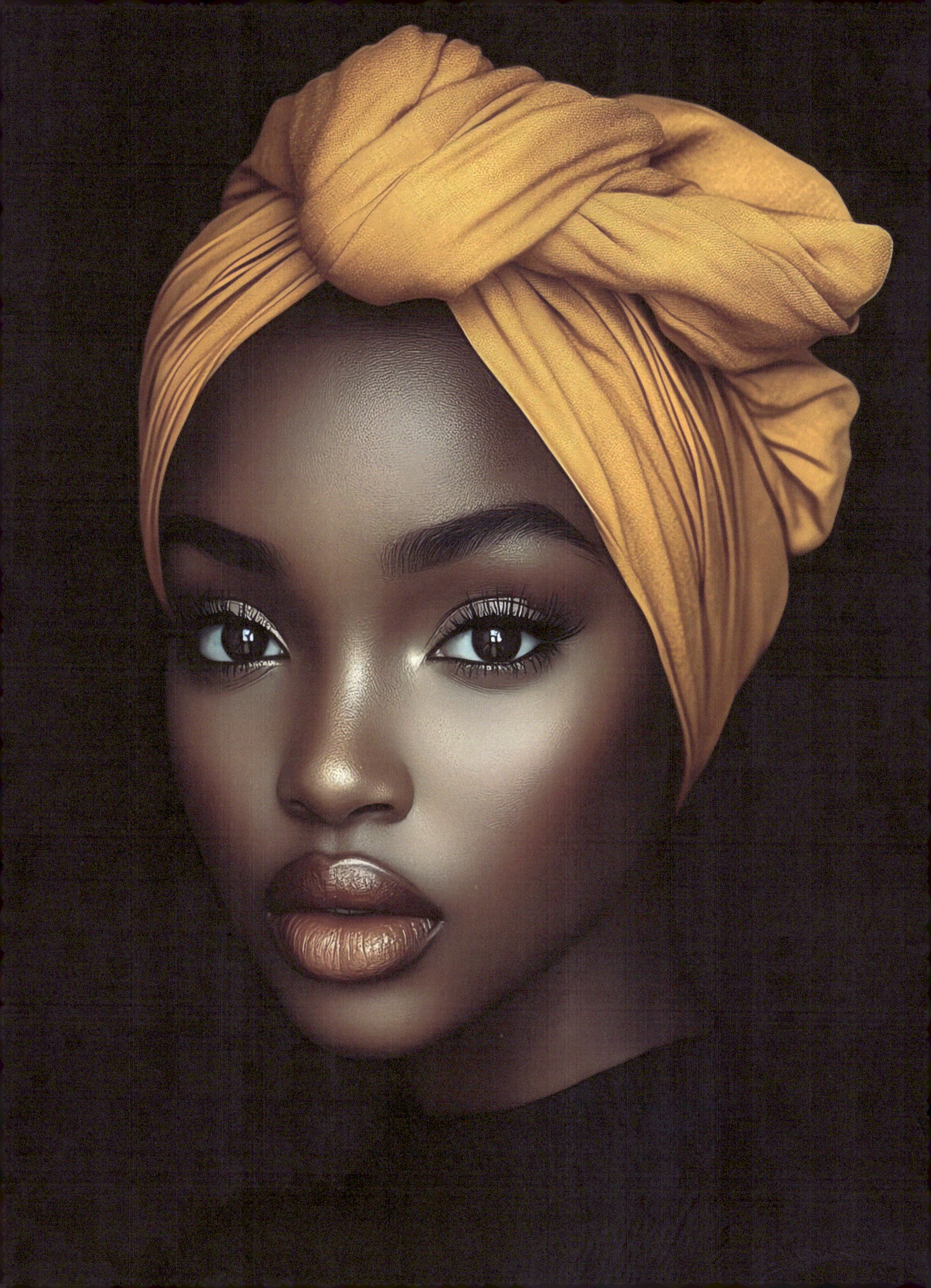

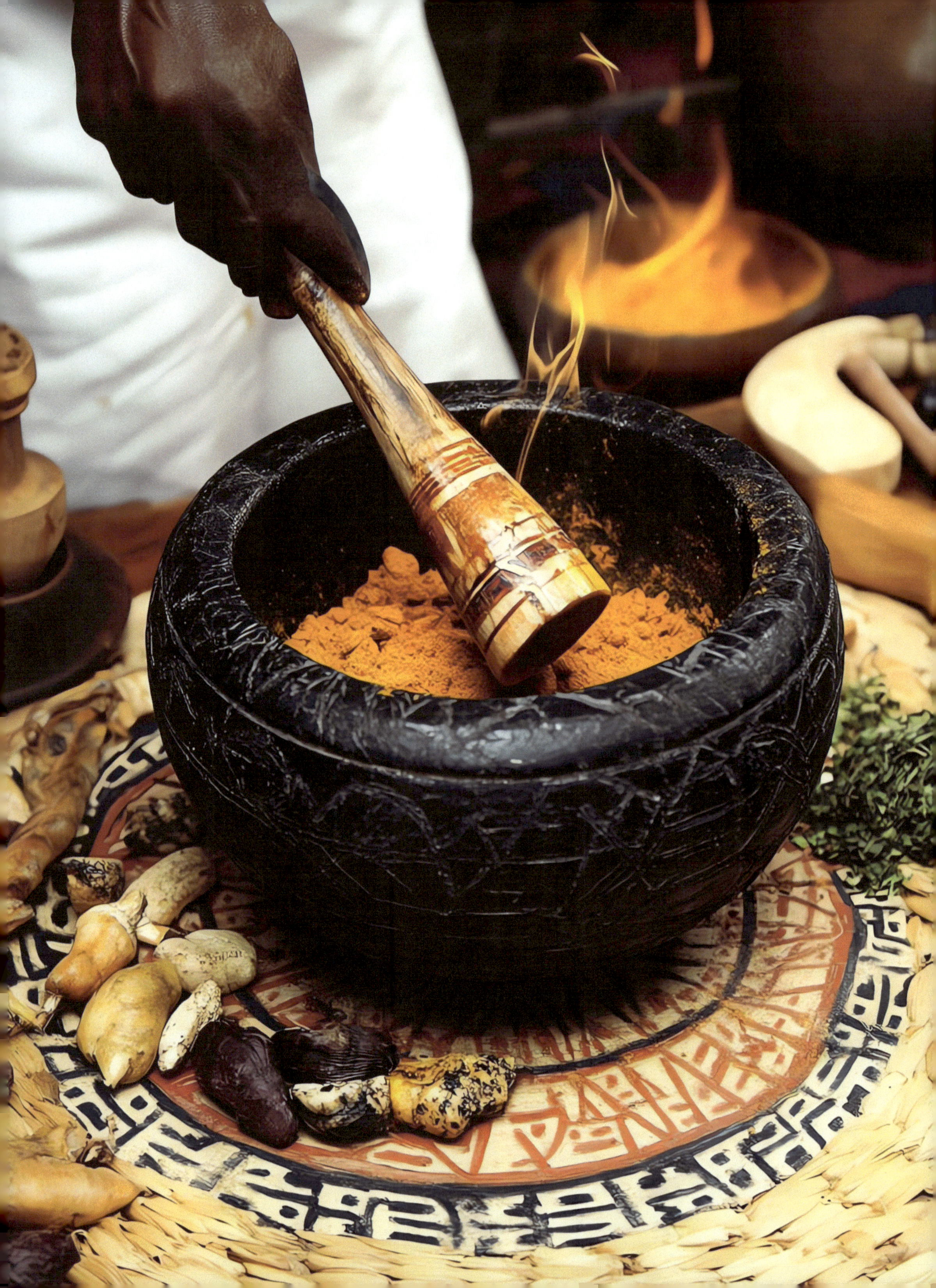

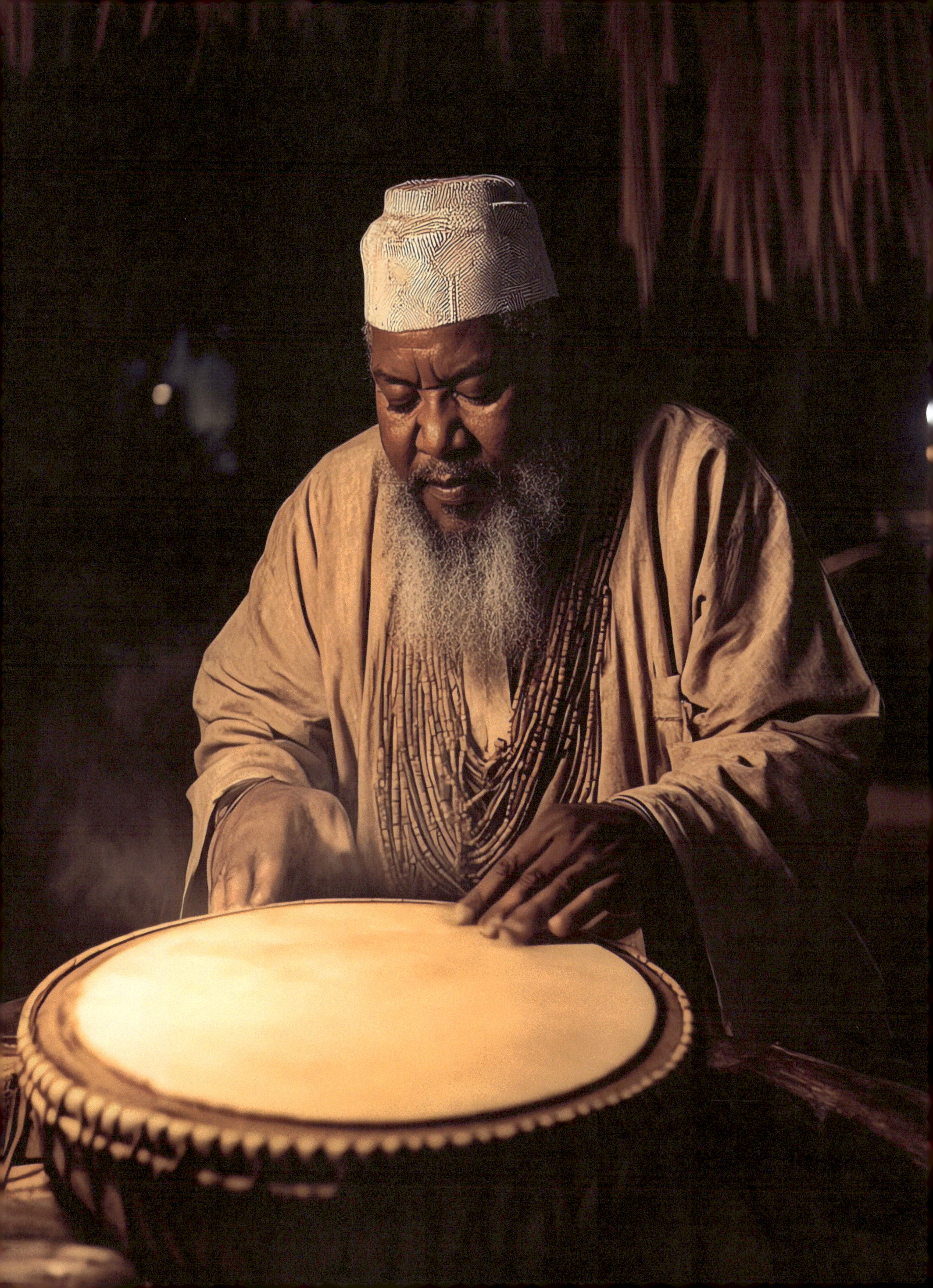

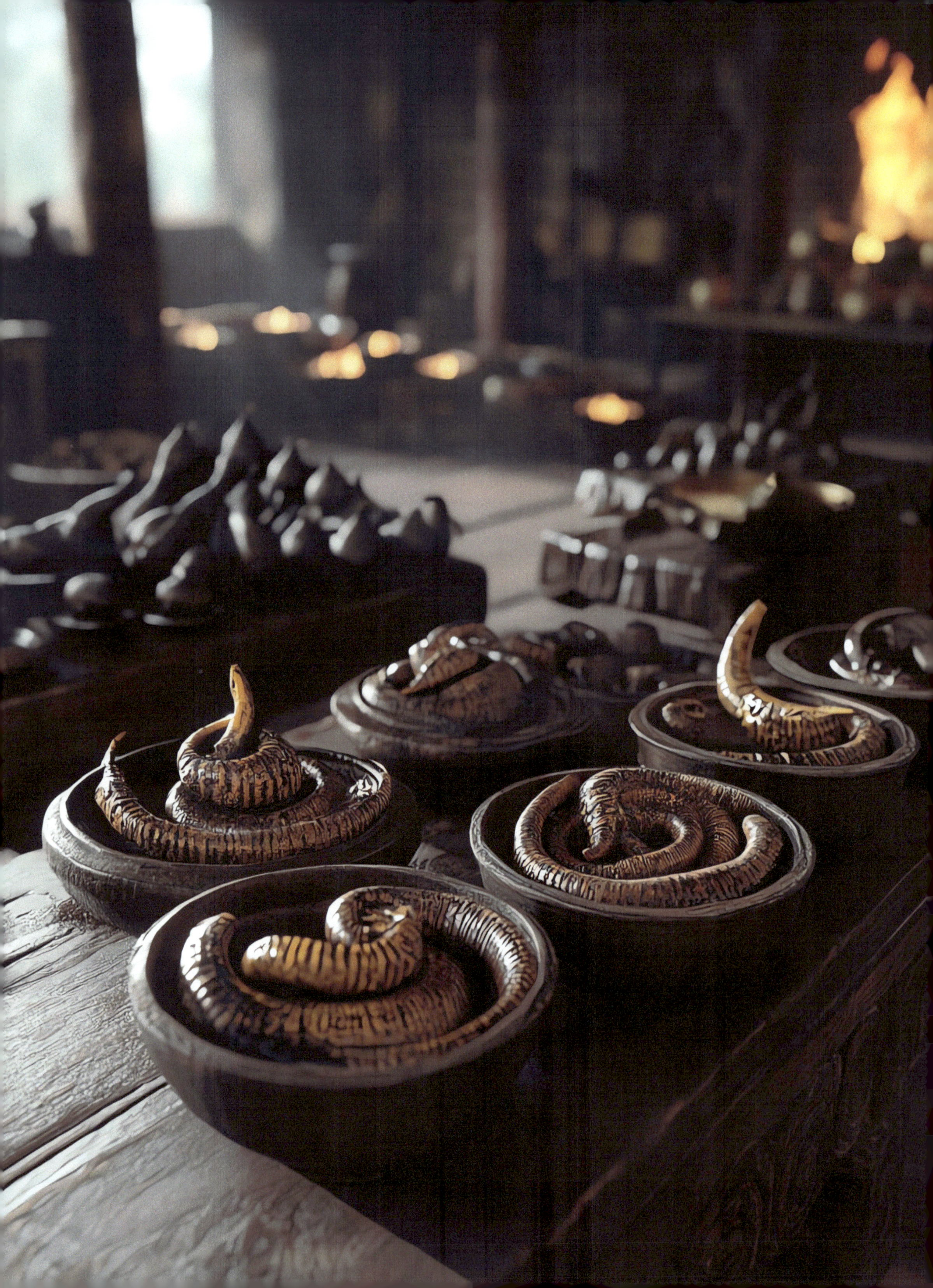

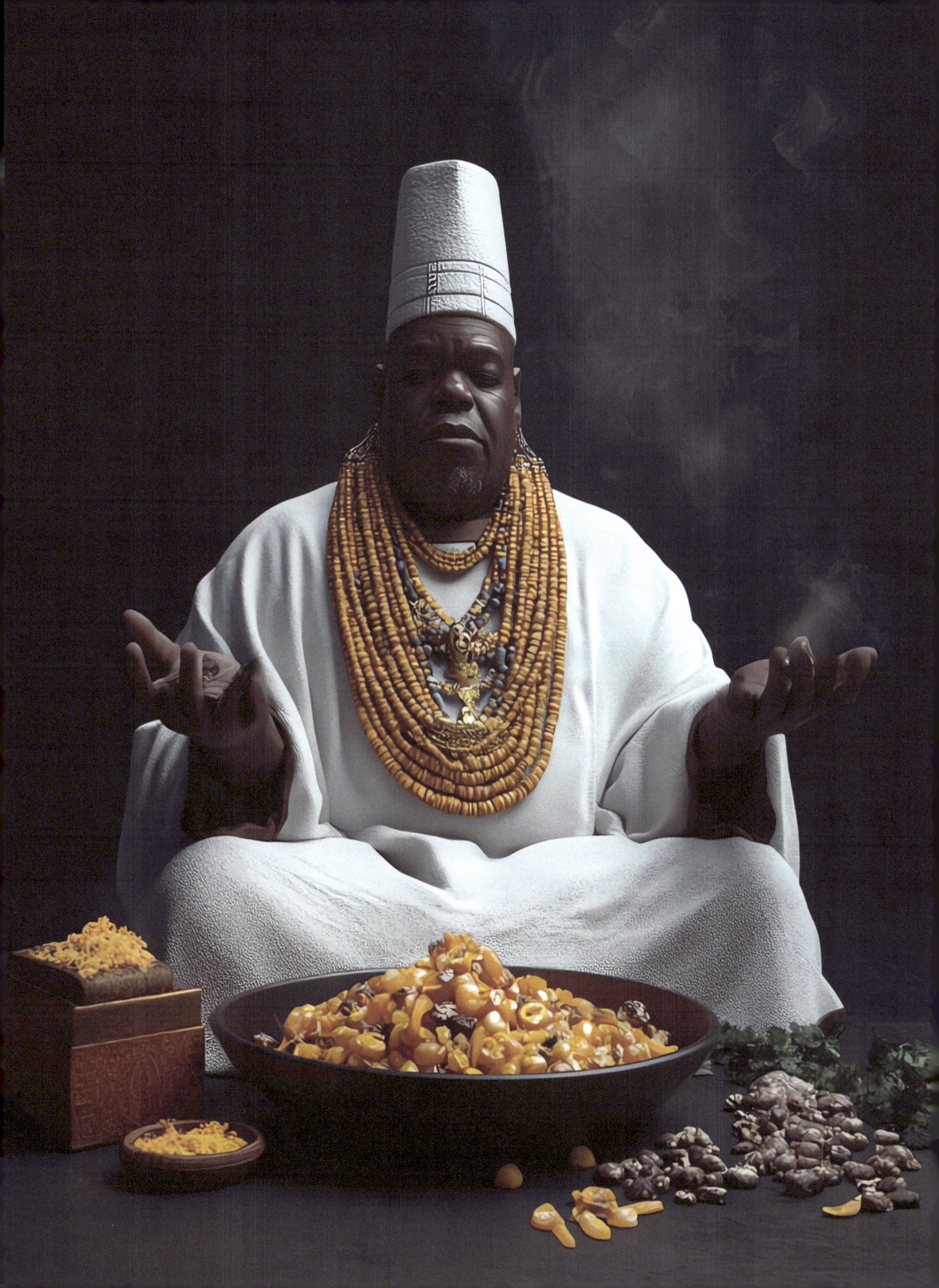

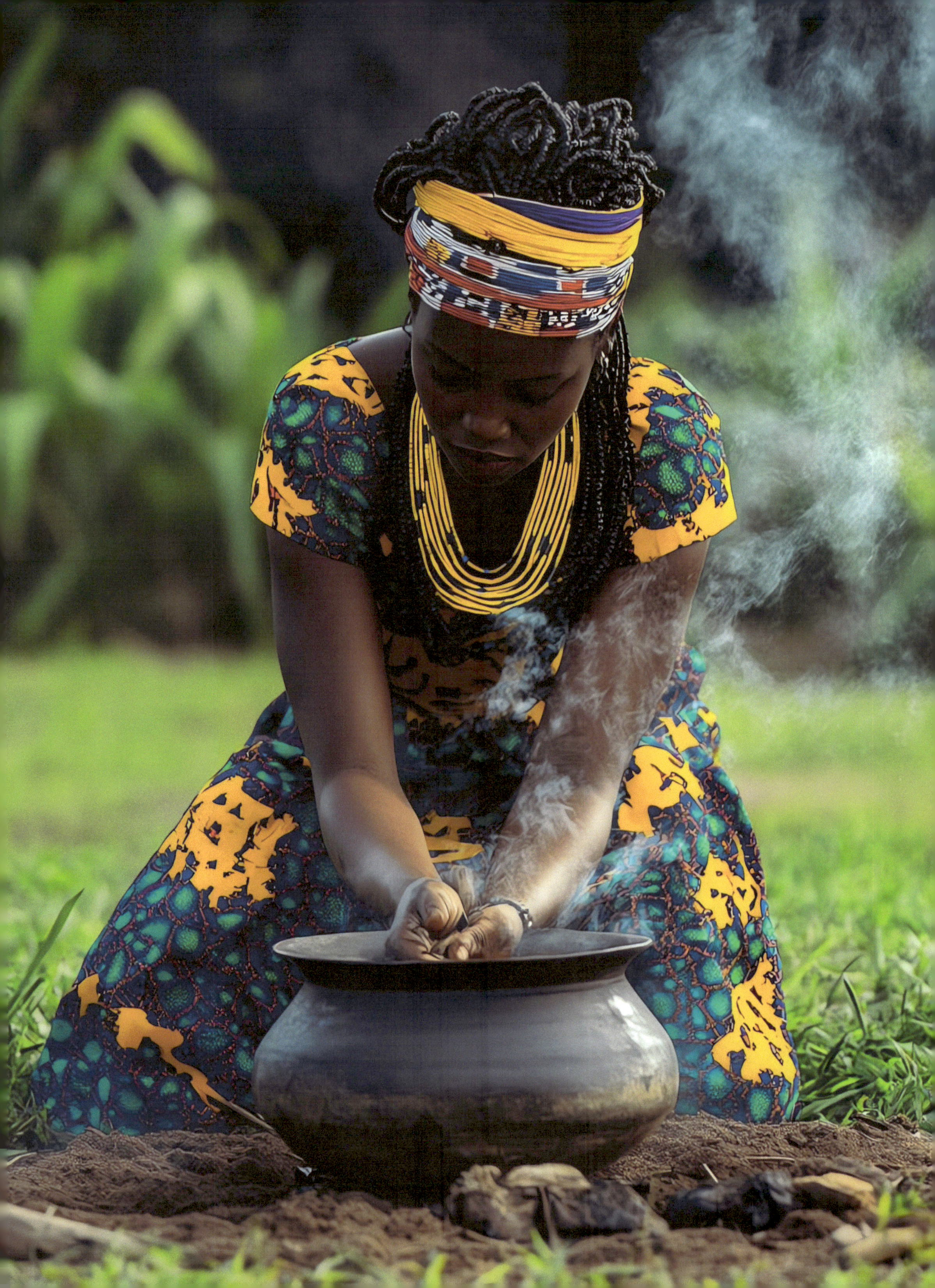

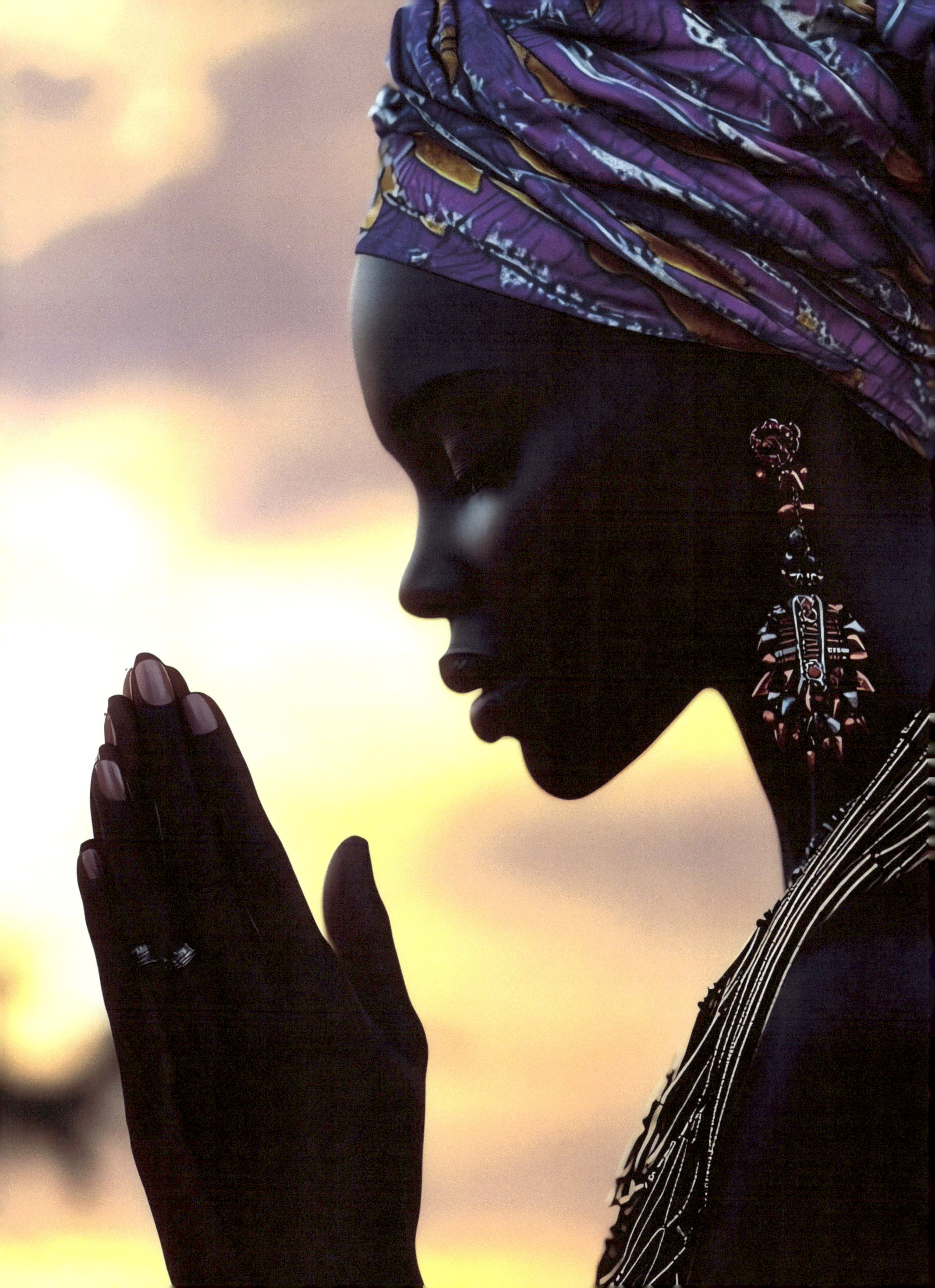

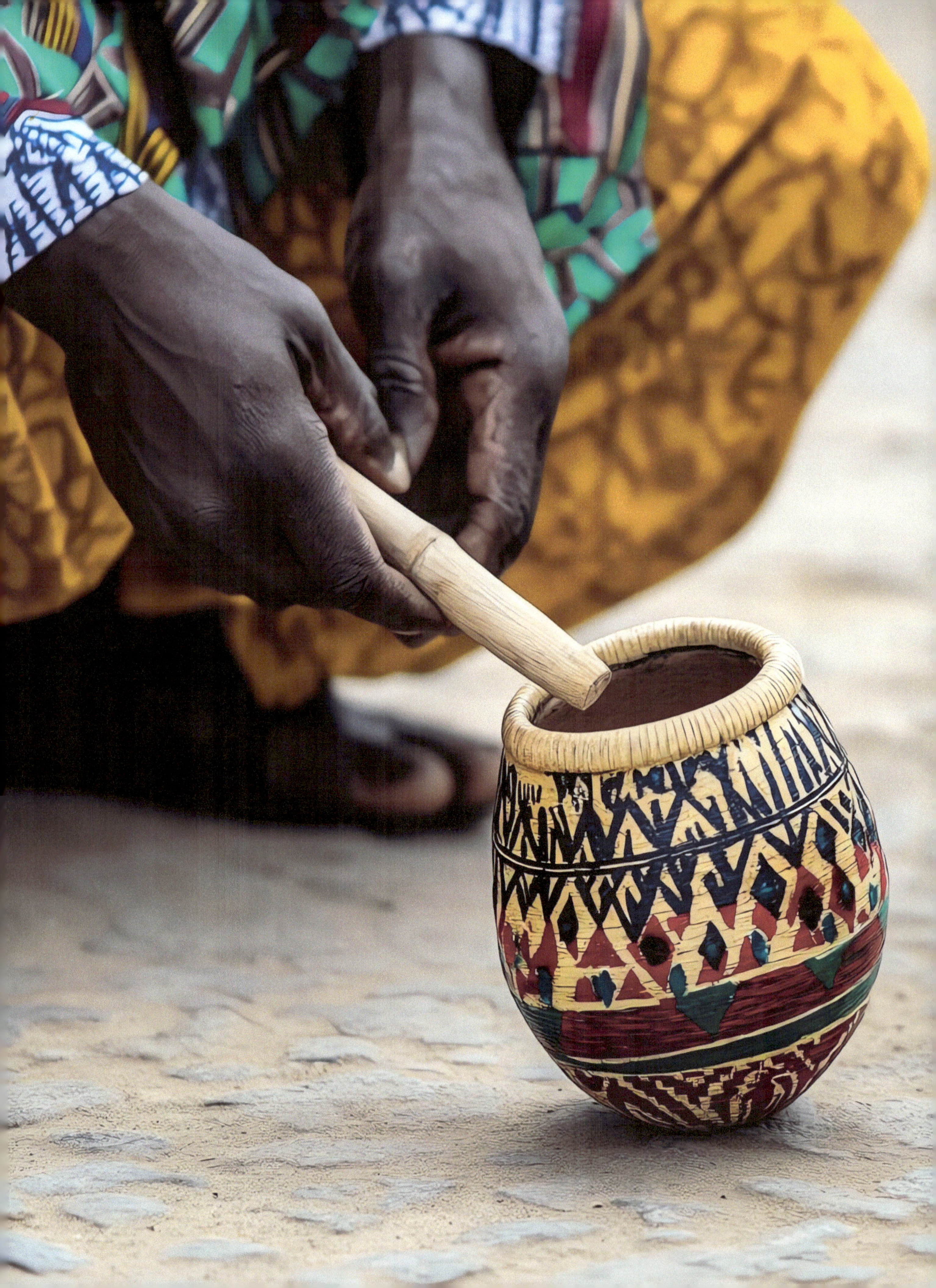

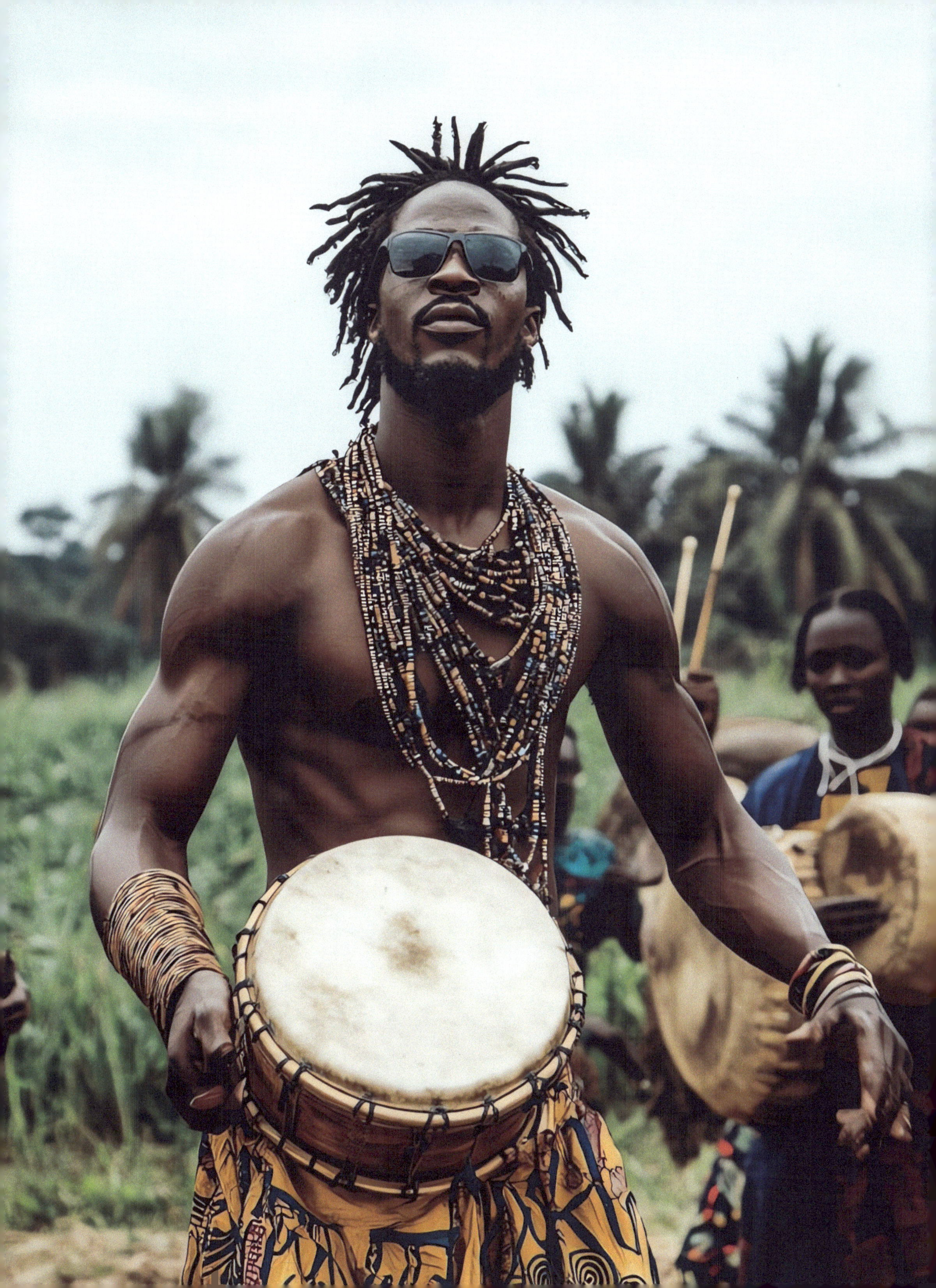

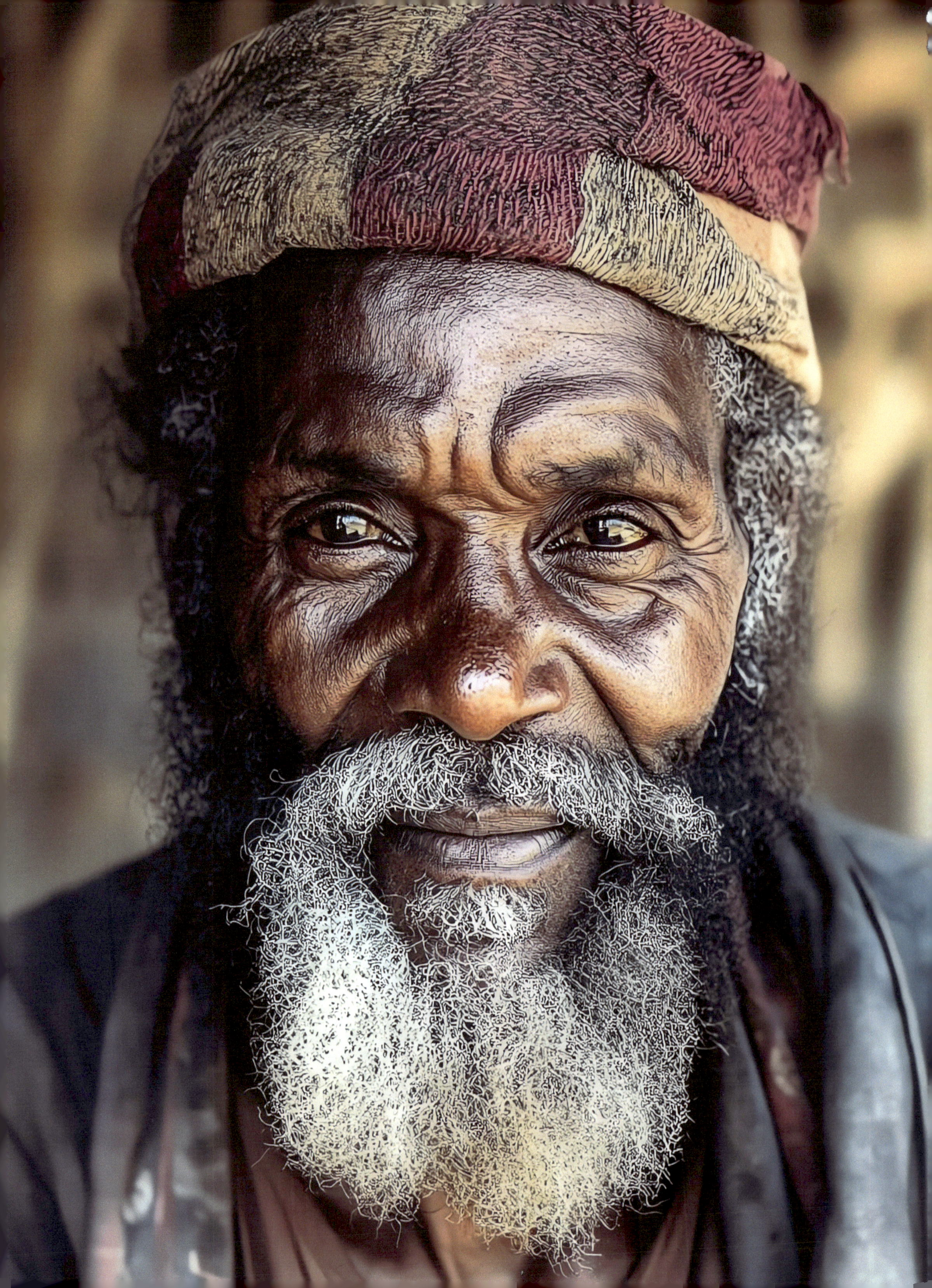

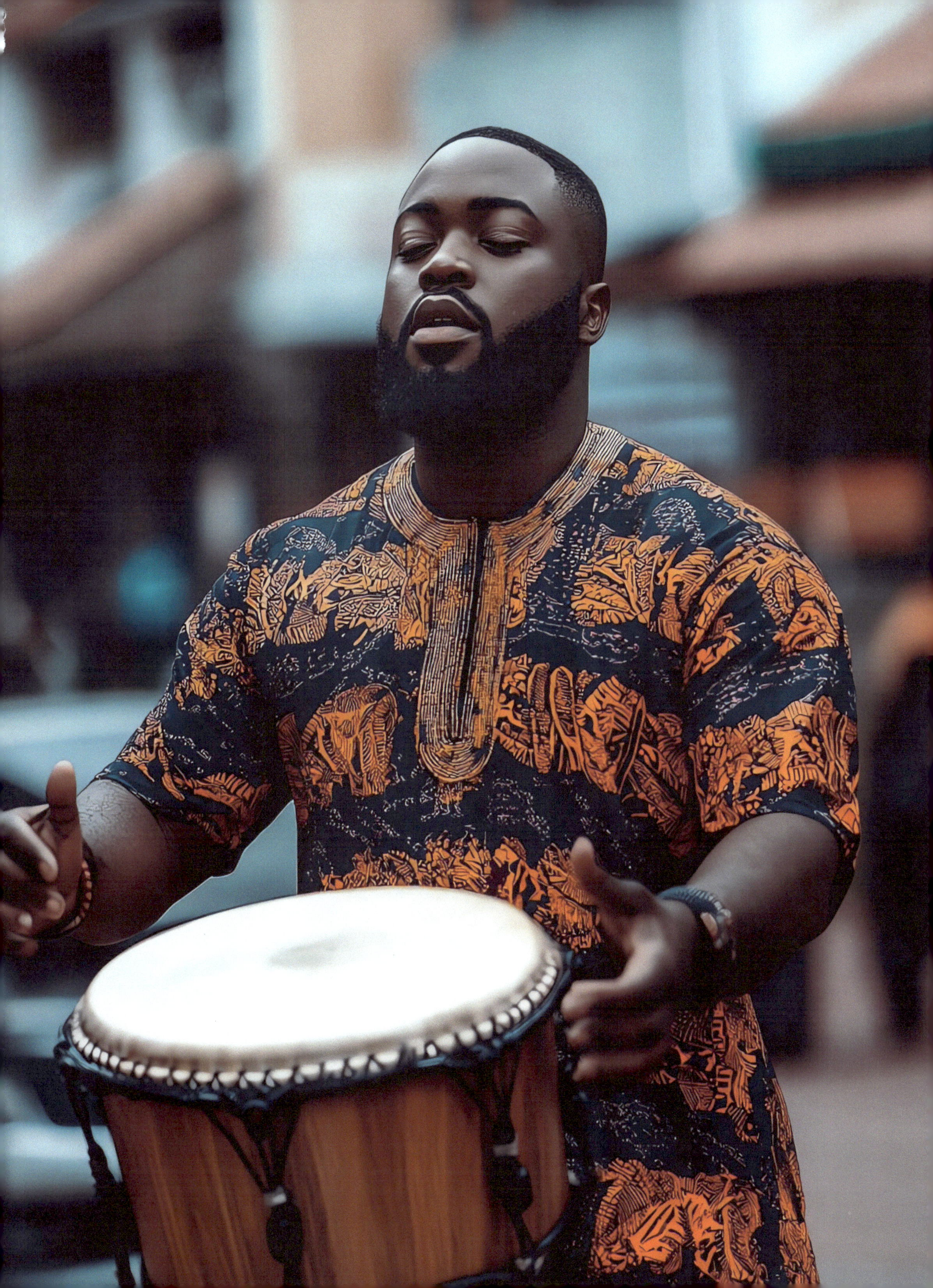

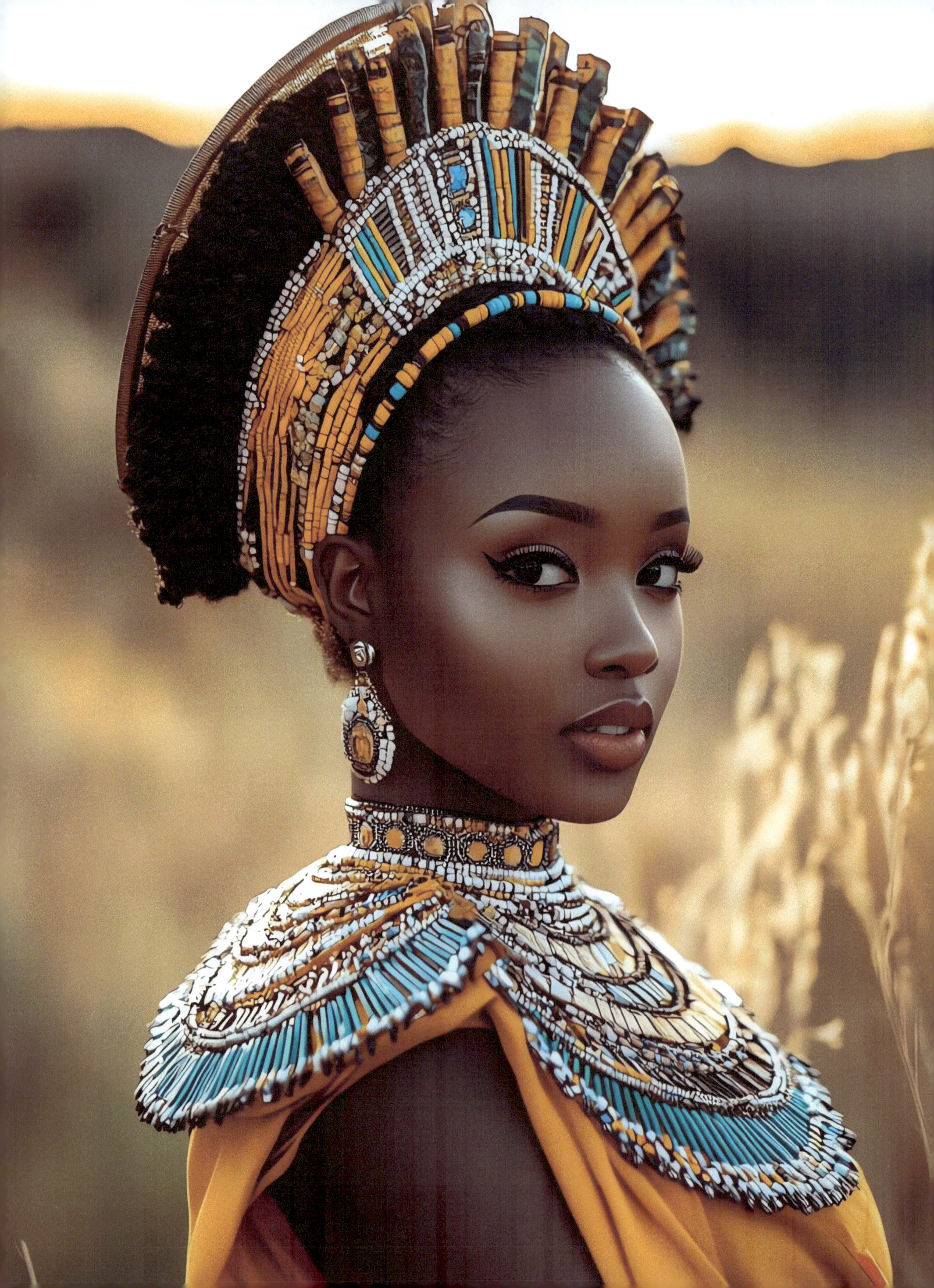

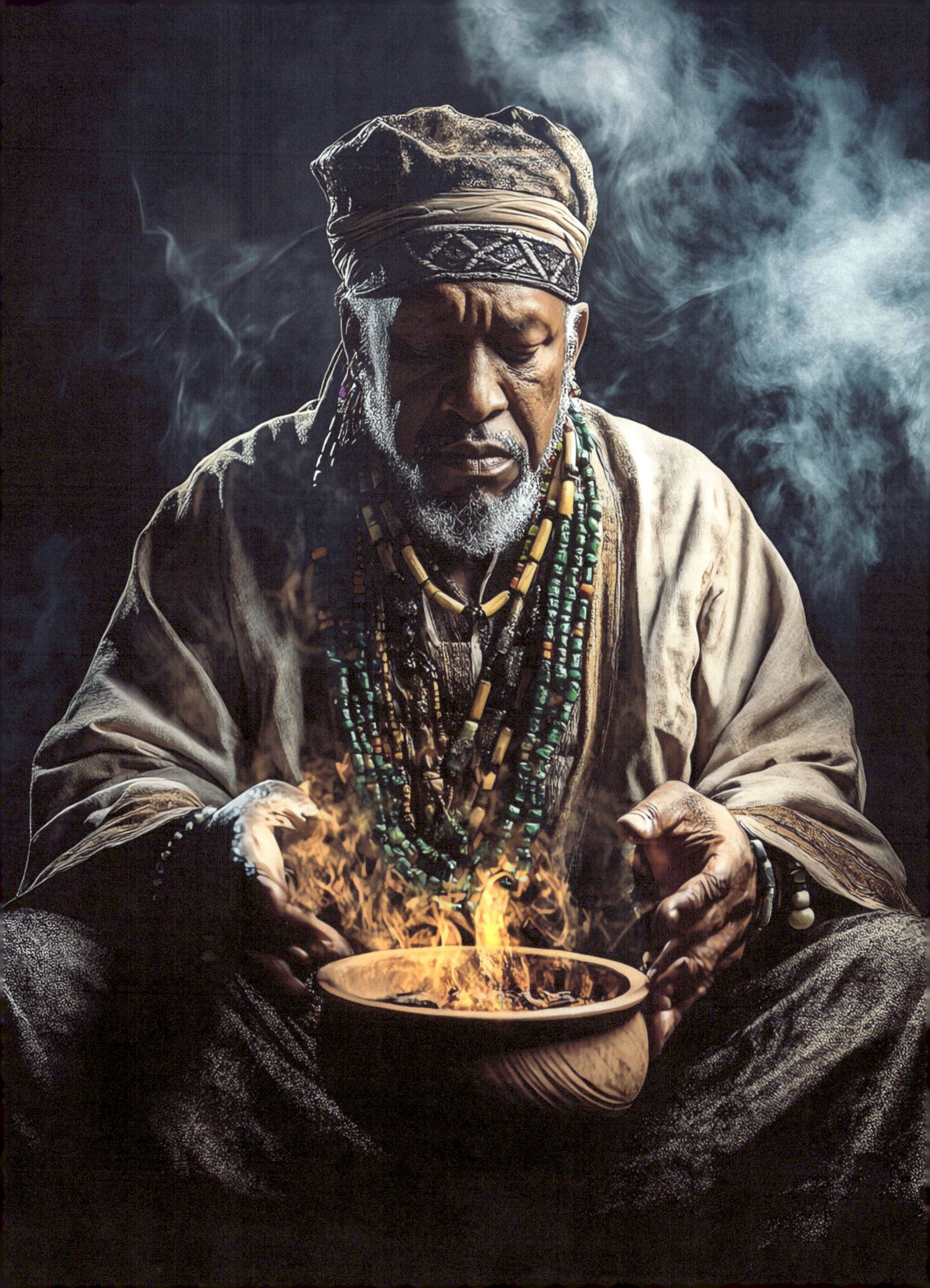

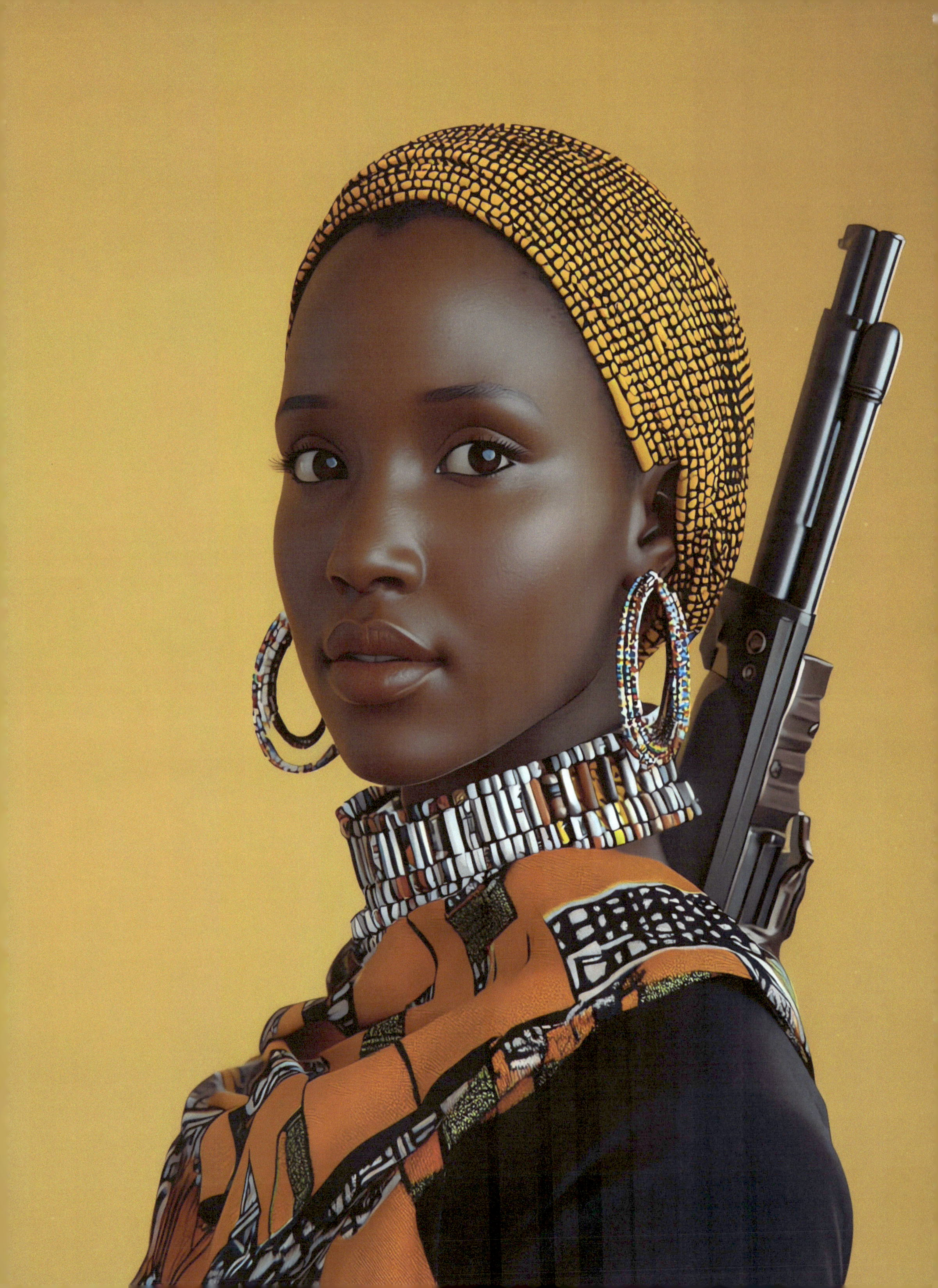

www.ingramcontent.com/pod-product-compliance
Lightning Source LLC
Chambersburg PA
CBHW040437220526
45473CB00004B/1461
* 9 7 9 8 3 0 0 9 7 9 0 2 7 *